INHALT: Eigentlich hat es Adam ohnehin schon nicht leicht: Der Krieg hat die Lage im Land weiter verschärft, zu Hause schreit ein Kind und lauert eine anstrengende Schwiegermutter und wann er in seinem gelernten Beruf gearbeitet hat, weiß er schon gar nicht mehr. Vollends kompliziert wird die Lage allerdings spätestens dann, als er immer tiefer in das Spannungsverhältnis zwischen den Besatzern und seinen kampfestollen Landsleuten verwickelt wird.

„In einem anderen Land" wagt den Spagat einer weitgehend heiteren, fast unbeschwerten Komödie vor einem unerbittlich ernsten Hintergrund, der sich auch für alle Beteiligten irgendwann nicht mehr ignorieren lässt.

AUTOR: Ingo Bott, Jahrgang 1983, studierte Jura in Freiburg, Sevilla, Montevideo und Passau. Derzeit promoviert er in Passau über ein Thema aus dem Allgemeinen Teil des Strafrechts und schreibt ansonsten weiterhin fleißig an neuen Stücken, Geschichtchen und Geschichten.

Ingo Bott

In einem anderen Land

- Eine traurige Komödie -

Die Deutsche Nationalbibliothek verzeichnet diese Publika-
tion in der Deutschen Nationalbibliografie; detaillierte
bibliografische Daten sind im Internet über http://dnb.d-
nb.de abrufbar.

Herstellung und Verlag: Books on Demand GmbH,
Norderstedt

ISBN-13: 978-3-837-04025-8

In einem anderen Land

Besetzung

Adam
Sahra, seine Frau
Marjam, deren Mutter
Laila, Adams Mutter

Landsleute Adams
Barrani
Chalid
Demel
Ihsan

Besatzer
Der Leutnant
Tuesday, Soldat
Wednesday, Soldat

I

1

ADAM: Du meine Güte! Du meine Güte! Es darf nicht wahr sein, es darf nicht wahr sein. Nein. Es darf, darf, darf einfach nicht wahr sein. *(Wird langsamer)* Warte: Es ist nicht wahr. Es ist nicht wahr. Was für ein Glück. Puh, was für ein Glück. *(Lässt sich auf einen Mauervorsprung fallen, reibt seine Stirn mit einem Tuch ab)* Was für eine Erleichterung. *(Sieht ganz langsam auf seine Uhr)* Oh, doch. Oh ja. Es ist wahr. Wahr! Du liebe Güte. *(Eilt weiter)* Wie konnte es nur so spät werden. So früh, ist ja schon Tag. Schon Tag! Es darf nicht wahr sein, nein, nein, nein. Am ersten Tag. Am ersten Tag! Ich weiß woran es liegt. Ich weiß es. Es ist das Kind. Der Kleine. Fahran. Mein Sohn. Das Monster. Furchtbar. Wie kann er nur so viel schreien, wie kann er das tun? Wie kann –. Also wie können so viele Geräusche aus etwas so Kleinem kommen? Wie? Ich verstehe es nicht. Nein. Ich weiß es nicht. Was ich weiß: Es ist schon fast Tag. Und das ist schlecht. Du meine Güte! Das ist schlecht! Eine Katastrophe! Ojeojeoje. Oje! Das ist nicht gut. Nicht gut. Alles ist gar nicht gut. *(Blickt auf seine Uhr)* Es ist schon fünf. Fünf! Fünf. Oh Mann. Das ist nicht, nicht, nicht gut! Ausgerechnet heute. Ausgerechnet, ausgerechnet. Oh nein, nicht gut! Dieser Kleine, dieser Kleine! Ein Monster! Als ob man nicht schon genug Sorgen hätte! Ein Monster! Weint die ganze Zeit. Die ganze Zeit. Und dann noch das andere Monster. Die Sanftmütige. Gott sei ihr gnädig und erlöse sie und uns. Oder nur sie. Uns schafft sie vorher noch alleine. *(Langsamer, versucht sich zu fassen)* Na gut, na gut. Na gut. Weiter jetzt, es ist erst fünf. Fünf. Um sechs geht es los und ich muss noch laufen. Zum Laufen brauche ich Luft und Fluchen ist schlecht. Also gut? Also gut. *(Wartet)* Nein. Nein! Nein, nein, nein. Es ist nicht gut! Nicht gut! Es muss einfach raus, einfach raus, einfach raus. Also noch einmal und dann ist gut: Der Kleine ist ein Monster! Ein Monster! *(Im Hintergrund geht ein Licht an.)* Oh, Entschuldigung! Hört gleich auf das Geschrei! Hört gleich auf, der Adam. Hört gleich auf. Moment noch: Es ist nicht zum Aushalten. Was für ein riesiger Mist. Ein Mist! Mist! *(Wartet kurz)* Jetzt könnte es gut sein. Warte –. *(Tut als würde er lauschen)* Ja! Jetzt ist –. Ach nein, Mist, nichts ist gut. Aber ich muss weiter. *(Hetzt davon)*

2

Zwei Wachen, Tuesday und Wednesday, in einem Innenhof. Außerdem dort: Barrani und Chalid, die unschlüssig im Hintergrund umherstehen.

TUESDAY: Was für ein Morgen!

WEDNESDAY: Ja, was für ein Morgen.

TUESDAY: Was für ein schöner Tag!

WEDNESDAY: Ja, was für ein schöner Tag.

TUESDAY: Hörst Du die Vögel?

WEDNESDAY: Ich höre die Vögel.

TUESDAY: Spürst Du die Sonne?

WEDNESDAY: Ich spüre die Sonne.

TUESDAY: Siehst Du das –?

WEDNESDAY: Tuesday, müssen wir das machen?

TUESDAY: Was denn?

WEDNESDAY: Müssen wir dieses Spielchen spielen, dieses „Wie schön" und „Ach" und sowieso? Weißt Du ich bin gerade aufgestanden.

TUESDAY: Ich weiß. Wir teilen uns ein Zimmer.

WEDNESDAY: Ja. Dann weißt Du ja auch was „gerade" bedeutet.

TUESDAY: Naja, soviel wie „Vor nicht allzu langer Zeit".

WEDNESDAY: Ja.

TUESDAY: Ja.

WEDNESDAY: Vor nicht allzu langer Zeit war es fünf Uhr.

TUESDAY: Ja. Vor einer knappen Stunde.

WEDNESDAY: Vor einer knappen Stunde.

TUESDAY: *(Kleine Pause)* Und?

WEDNESDAY: Es ist früh, Tuesday.

TUESDAY: Ja. Und?

WEDNESDAY: Und dann ist das kein schöner Morgen.

TUESDAY: Nein?

WEDNESDAY: Nein, verdammt. Du machst mich noch wahnsinnig mit diesem ganzen Kram.

TUESDAY: Oh. (*Kleine Pause*) Aber es ist doch ein schöner Morgen.

WEDNESDAY: Verdammt, Tuesday, dieser Morgen ist ein Sauhaufen, dieser ganze Kram ist ein Sauhaufen. Und weißt Du auch warum? Weil dieses ganze Land ein Sauhaufen ist! (*Der Leutnant kommt von hinten heran.*)

DER LEUTNANT: Na, na, Wednesday. Hier wird nicht geflucht.

WEDNESDAY: Entschuldigung, Herr Leutnant.

DER LEUTNANT: Entschuldigung für was?

WEDNESDAY: Für das was ich getan habe.

DER LEUTNANT: So? Was haben Sie denn getan?

WEDNESDAY: Ich habe geflucht.

DER LEUTNANT: Genauer.

WEDNESDAY: Ich habe unschicklich geflucht?

DER LEUTNANT: Genauer, Wednesday. Was haben Sie gesagt?

WEDNESDAY: Ich weiß nicht, was Sie meinen.

DER LEUTNANT: Dann weiß ich nicht, ob Sie nicht geradezu prädestiniert dazu sind, die Latrinen einmal genauer zu inspizieren. Mit der Zahnbürste.

WEDNESDAY: Ich weiß es wirklich nicht.

DER LEUTNANT: Haben Sie nicht geflucht?

WEDNESDAY: Naja.

DER LEUTNANT: Vielleicht, Wednesday?

WEDNESDAY: Vielleicht.

DER LEUTNANT: Na also. Gut, Soldat, wir nähern uns dem Gehorsam, den wir einem verdienten Vorgesetzten schulden. Auch und gerade unter solchen Umständen. Also?

WEDNESDAY: Was, also?

DER LEUTNANT: Haben wir geflucht?

WEDNESDAY: Vielleicht ein bisschen.

DER LEUTNANT: Und was haben wir gesagt? Ich hörte etwas in Zusammenhang mit diesem Land.

WEDNESDAY: Naja.

DER LEUTNANT: Was, Wednesday, was verdammt nochmal?

WEDNESDAY: Ich sagte, dass dieses Land –.

DER LEUTNANT: Ja?

WEDNESDAY: (*Kleinlaut*) Dass es ein Sauhaufen ist.

DER LEUTNANT: Was?

WEDNESDAY: (*Noch leiser*) Ich sagte, dass dieses Land ein Sauhaufen ist.

DER LEUTNANT: Was sagten Sie also Wednesday?

WEDNESDAY: (*Flüstert*) Dieses Land ist ein Saufhaufen!

DER LEUTNANT: Wie bitte?

WEDNESDAY: Dieses Land ist ein Sauhaufen!

DER LEUTNANT: (*Schreit*) Ich kann Sie nicht hören, Wednesday.

WEDNESDAY: (*Schreit zurück*) Dieses Land ist ein Sauhaufen! Ein verdammter Sauhaufen, Herr Leutnant!

DER LEUTNANT: Na also, Wednesday! Und tut es Ihnen leid?

WEDNESDAY: Ja.

DER LEUTNANT: Sehr?

WEDNESDAY: Ja, sehr, Herr Leutnant.

DER LEUTNANT: Recht so, Soldat. Genau. Recht so. Sie müssen wissen, wir sind Fremde in diesem Land. Jawohl, Fremde, selbst wenn uns das immer wieder erstaunen mag. Und deshalb sind wir angewiesen auf – na?

TUESDAY: Kooperation.

DER LEUTNANT: Exakt, Soldat. Sehr gut. Auf Kooperation und – na?

TUESDAY: Verständnis.

DER LEUTNANT: Ausgezeichnet. Gefällt mir. Also noch einmal, für die gesamte Truppe zum Mitschreiben: Kooperation und Verständnis, das ist es, um was es hier geht. Seht meine Soldaten, den armen Men-

schen hier mag es völlig unerklärlicherweise befremd-
lich erscheinen uns hier in ihrem armen Land zu sehen
– und doch begegnen Sie uns mit Wohlwollen und
Freude. Warum? Weil Sie wissen, das wir den Frieden
bringen. Dass aus unserer Stärke, aus unseren Waffen
die Zukunft spricht. Seht, Kameraden, gerade heute ist
es von besonderer Bedeutung sich offen zu zeigen, da
sich doch ein paar von diesen armen Kreaturen hier
eingefunden haben, um uns in der Polizeiarbeit zu
unterstützen. Das ist gut, ja. Das ist schön. Wir wachsen zusammen. Verständnis und Kooperation. Friede.
Eintracht. (*Verliert sich etwas*) Und genau deswegen
ist es wichtig, dass wir Sie nicht beleidigen. Verstanden, Soldat?

WEDNESDAY: Verstanden.

DER LEUTNANT: Na dann haben Sie ja Ihre Lektion
gelernt. (*Streckt seinen Rücken durch*) Nichts für ungut, Jungens, aber Disziplin muss sein. Das ist hier
schließlich eine Armee und kein –. Kein –.

TUESDAY: Kegelverein?

DER LEUTNANT: Kegelverein. Exzellent, Tuesday.
Aus Ihnen wird noch einmal ein großer Soldat!

TUESDAY: Danke, Herr Leutnant.

WEDNESDAY: Aber –.

DER LEUTNANT: Ja was denn? Was denn, Wednesday, nur raus mit der Sprache, was muss jetzt denn schon wieder sein?

WEDNESDAY: Aber ich dachte wir sind gar keine Armee, sondern die Polizei.

DER LEUTNANT: Polizei, Armee, ist doch völlig egal, oder? Oder? Werden Sie hier für das Denken bezahlt oder für das Wachestehen? He? Na also! Wir haben dieses Land befreit, oder? Haben wir doch. Oder? Na also! Und wie haben wir das gemacht? Mit netten Worten? Mit Blumensträußen? Mit –. Mit –.

TUESDAY: Kleinen Geschenken? Kaugummi?

DER LEUTNANT: Kaugummi? Na gut, Tuesday, immerhin ein Beitrag.

TUESDAY: Gern geschehen, Herr Leutnant.

DER LEUTNANT: Jaja, schon gut. *(Pause)* Also?

WEDNESDAY: *(Zögernd nach einer Weile)* Was also?

DER LEUTNANT: Was also?

TUESDAY: Sie sagten „Also", Herr Leutnant. So als ob noch etwas anderes kommen würde. Und Wednesday und ich, wir dachten natürlich dann, dass da tatsächlich etwas kommt.

DER LEUTNANT: Ja. Aber natürlich. Das haben Sie gut gedacht, Tuesday. Also *(Sinnierend)*, also gut. Es ist Zeit. Es geht los. Heute ist es so weit. Denn heute ist *(Immer noch nachdenkend, dann mit einem Einfall)* – heute ist der Rekrutierungstag!

TUESDAY: Genau, Herr Leutnant. Sehr richtig.

DER LEUTNANT: Danke schön, Tuesday.

TUESDAY: Gern geschehen.

WEDNESDAY: Können wir nicht bitte, bitte damit aufhören?

DER LEUTNANT: Klappe halten, Wednesday, nörgeln Sie hier nicht rum, das ist hier kein Kindergeburtstag. Wir sind hier bei der Armee und heute ist der Rekrutierungstag. Also stehen Sie stramm, machen Sie einen guten Eindruck, bewegen Sie ihren Arsch und kommen Sie mit. Jetzt werden wir mal ein bisschen Disziplin in diese Hinterwäldler blasen. *(Ab in Richtung Barrani und Chalid. Zu diesen)* Stramm gestanden! Rührt euch! Stramm gestanden! *(Geht vor ihnen auf und ab)* So, so. *(Langsam)* So, so. Ihr seid also die Freiwilligen. Bisschen wenig. Bisschen traurig *(Über Barrani, der lang und mager ist)*. Bisschen – ach was soll's. *(Über Chalid, der eher dick ist)* Aber immerhin. Immerhin.
Also gut: Ihr wisst warum ihr hier seid. Warum seid ihr hier?

BARRANI: Sie haben Arbeit?

DER LEUTNANT: Arbeit? Jawohl, verdammt noch mal. Und zwar einen Haufen! Ich will euch mal was sagen, ihr Nasen –.

ADAM: Entschuldigung, Entschuldigung, es tut mir leid, leid, leid. *(Stürmt an Wednesday vorbei und versucht sich möglichst unauffällig neben Barrani und Chalid einzureihen. Steht dann stramm.)*

DER LEUTNANT *(Bewegt sich langsam zu ihm und spricht ihm ins Gesicht)*: Na, wen haben wir denn da? Na wen haben wir denn da?

ADAM: *(Unsicher, nach einer Weile)* Ist das eine Frage?

DER LEUTNANT: Ist das eine Frage, *Sir*! *(Schreit ihn an)*

ADAM: Ist das eine Frage, *Sir*! *(Schreit unsicher zurück)*

DER LEUTNANT: Nein, verdammt, Rekrut. Rekrut –.

ADAM: Adam.

DER LEUTNANT: Rekrut Adam. Biblischer Name. Kommt mir irgendwie verdächtig vor. Aber gut: Nein verdammt, Rekrut Adam, das ist es nicht. Niemand hat hier etwas zu fragen, zu sagen oder zu denken, außer – äh – außer ich! Unterbrechen Sie mich nicht. Verdammt, Rekrut! Rekrut Adam! Sie sind zu spät. Zu spät! Und das im Krieg. Das ist jämmerlich! Ein

Armutszeugnis! Ein Verrat an der Truppe! Aus meinen Augen! Weg mit Ihnen! Schämen Sie sich und kommen Sie nie mehr wieder! (*Adam beginnt sich zu entfernen*)

TUESDAY: Entschuldigung, Herr Leutnant, aber vielleicht ist das keine so gute Idee.

DER LEUTNANT: Was?

TUESDAY: Naja, Herr Leutnant, immerhin wären es mit dem da drei. Damit haben wir wenigstens eine kleine Truppe. Herr Leutnant, Entschuldigung, Herr Leutnant, ich wollte nicht anmaßend sein.

DER LEUTNANT: Es ist ohnehin völlig unerheblich was Sie denken, Soldat. Und jetzt Klappe halten und stramm gestanden! Ich will meine Ruhe! Sie bringen mich noch völlig durcheinander und halten mich von wichtigen Entscheidungen ab. Das hier ist der Krieg, kein Kindergarten. Hier kommt es auf echte Männer an, auf Entscheidungen, auf Entschlüsse, auf Vorsicht, Nachsicht, Rücksicht! Und Sie halten mich ab mit Ihren Zwischenrufen! Sie! Usurpator! Sehen Sie sich zum Beispiel mal das hier an! Zwei Trauergestalten! Zwei Nichtse! Verlierer! Hätten wir noch einen wäre es immerhin eine Truppe, ja Soldat, eine Truppe! Und da geht er hin, Soldat, der Rekrut, einfach so. Das darf nicht sein! He, haltet ihn fest, den Rekrut, ehe er Fahnenflucht begeht! (*Tuesday bedroht den am Tor angelangten Adam mit seinem Gewehr und führt ihn zurück. Adam bleibt in der Mitte stehen, wo der Leutnant ihn umkreist.*)

So, so, das haben wir gern! Kommt zu spät. Begehrt auf. Und will dann feige fliehen! Desertieren! Sie wissen wohl, was darauf steht, Soldat! *(Fährt mit dem Finger an seinem Hals entlang)* Sie wissen es wohl! Ja, ja, ich habe Sie im Auge, Sie Unruhestifter! Sie sind undiszipliniert, faul und dumm! Kein Wunder dass wir euch niedergeworfen haben, besiegt haben, dass wir euch in Schutt und Asche gelegt haben, ihr Hinterwäldler, ihr Drittweltarschlöcher, ihr Taugenichtse, Versager, Ratten, Parasiten, Bombenleger, Terroristen, Kindermörder, pädophile, schwule beschränkte – äh – Bande! Jawohl! (*Schreitet vor Adam, Barrani und Chalid ab*) Wisst Ihr warum Ihr hier seid, Ihr Versager? Wisst ihr das? Ihr seid hier, weil – äh –.

WEDNESDAY: *(Der neben dem Leutnant stehen geblieben ist)* Kooperation.

DER LEUTNANT: Genau, großartig, Soldat. *(Zu den anderen)* Ihr seid hier, weil wir euch um eure Kooperation bitten. Wir wollen sie. Wir brauchen sie. Werden sie haben. Jawohl, denn Kooperation ist ein wichtiger Schritt zur Öffnung, zur Integration, Antiisolation, Resozialisation, Akklimatisierung der spezifischen Wohlfahrtsstaatkomponenten – ach was soll's, ihr Pfeifen. Ihr wisst genau weshalb ihr hier seid: Dieser Staat ist ein Loch, ein einziger stinkender Haufen und ihr dreckigen Terroristen macht alles nur noch schlimmer. Fassen wir mal zusammen: Eine Bande Hurensöhne greift uns in unserem, *unserem* Land an, verletzt unsere Frauen, Kinder, uns selbst, unser Land. Könnt Ihr euch das überhaupt vorstellen? Könnt Ihr das, Ihr herzlosen Teufel? Ein Angriff aus dem

Nichts! Eine unsichere Heimat! Angst und Schrecken vor eurer Haustür? *(Fängt sich wieder)* Wie dem auch sei: Wir bekommen heraus, dass die Terroristen hier aus der Gegend stammen. Aus diesem verdammten Land. Vielleicht. Oder aus dem daneben. Wahrscheinlich aber aus diesem. Gut möglich jedenfalls. Und was stellen wir noch fest? Hm, was noch? Es gibt hier noch jede Menge andere davon! Jede Menge! Ich bitte euch! Gleiche Kleider. Gleiche Sprache. Gleiche Religion. Gleiche, gleiche – fast alles gleich! Jawohl! Ihr Terroristenausbilder! Ihr Wahnsinnigen!

ADAM: Aber so einfach ist das nicht.

DER LEUTNANT: Was? *(Laut)* Was? Du wagst es mich zu unterbrechen, Rekrut? Rekrut –.

ADAM: Adam.

DER LEUTNANT: Rekrut Adam. Klappe halten, Rekrut Adam!

ADAM: Entschuldigung, Sir.

DER LEUTNANT: Nun also – worum ging es denn gleich?

ADAM: Ich sagte: „Aber so einfach ist das nicht", Sir.

DER LEUTNANT: So einfach, so einfach. Habt Ihr sie nicht ausgebildet, die Terroristen? Kommen Sie hier nicht her? Steckt Ihr nicht unter einer Decke, allesamt? Ihr seid doch alle gleich! Alle gleich! Unterdrückt eure Politiker, verratet eure Frauen, schändet die Kirchen, zündet eure Kinder an. Alle gleich, gleich, gleich!

ADAM: Also das ist nun wirklich ein bisschen einfach.

DER LEUTNANT: Na also! Dann sind wir uns ja doch noch einig. Schön. Gut. Jetzt wird rekrutiert. (*Zieht ein Klemmbrett hervor*) Also: Wer hat ein Gebrechen körperlicher oder geistiger Art? Unsinn. Immerhin seid ihr noch am Leben, körperlich sieht es also einigermaßen aus. Dass der Geist gesund ist zeigt sich doch schon allein daran, dass ihr hier seid, um euch für die richtige Sache einzusetzen, ihr Kanaillen. Gut: Wer kann schießen? Na? Egal, ist ohnehin eine dumme Frage. Natürlich könnt ihr schießen, ihr Wilden. Hunde, Katzen, Frauen, Kinder, Geschwister, unsere Hubschrauber, ich möchte mal wissen, ob ihr auch auf irgendetwas nicht schießt. Gut, das ist also geklärt. Weiter: Wer spricht die Sprache der Leute? Wer denkt sich eigentlich diese Kataloge aus? (*Reißt das Blatt ab*)

TUESDAY: Der Kongress wahrscheinlich.

DER LEUTNANT: Verdammt, Tuesday, die Frage war rhoterisch.

WEDNESDAY: Rhetorisch.

DER LEUTNANT: Nichts da, rhetoretisch. Hier geht es allein um die Praxis! Verdammt, Wednesday, wer hat Sie eigentlich bei der Armee angemeldet? Haben Sie aus Versehen doch nicht beim Häkelkurs ihr Kreuz gemacht, oder was? Egal, egal, wir haben es eilig, hier muss es schnell gehen. Kooperation. Verständnis. Also. (*Sieht auf sein Klemmbrett*) Hier ist kein Zettel mehr, dann sind wohl alle Fragen beantwortet. Also ihr drei: Seid ihr bereit für die gute Sache als Polizisten zu arbeiten, zu wirken, zu leben? Ja oder ja, da ihr ja ohnehin schon hier seid wäre wohl alles andere ein wenig verdächtig, oder nicht? (*Keine Antwort*) Also: Ja, oder was?

BARRANI: Ja.

ADAM: Ja.

DER LEUTNANT: Na gut, das ist fast die Mehrheit, das muss reichen. Prima. Sehr gut. Kooperation. Wir sind auf einem guten Weg, ihr Knalltüten. Dann weiter jetzt, Soldat Wednesday wird euch eure Kleidung geben, alles weitere erklärt sich von selbst.

ADAM: Was denn?

DER LEUTNANT: Wie?

ADAM: Was erklärt sich von selbst?

DER LEUTNANT: Na was ihr zu tun habt, meine kleinen schwachsinnigen neuen Freunde.

ADAM: Aber was ist das denn genau? Nur für den Fall, dass es sich doch nicht von selbst erklärt?

DER LEUTNANT: Um Himmels Willen! Hört mal, wir haben hier auch noch andere Dinge zu tun, als uns um euch Eingeborene zu kümmern. Es geht hier um den Frieden. Kooperation und so. Aber na gut: Ihr lauft natürlich Streife, täglich von sechs Uhr bis um drei am Nachmittag. Danach übernehmen wir Erwachsenen wieder die Kontrolle. Wer sich empfohlen hat, möglichst viele Einheimische zusammensammelt und einsperrt, wird, vor allem dann wenn sie sich auch noch irgendwie strafbar oder so –. Also für den bestehen jedenfalls sicher auch Aufstiegschancen und so weiter. Klar soweit?

ADAM: Ja. Sir. Und danke für die Gelegenheit. Es ist nicht immer einfach.

DER LEUTNANT: Natürlich, natürlich. Man tut was man kann. Kooperation. Verständnis. Wir verstehen uns, ich sehe schon. So, jetzt aber genug mit dem Firlefanz hier, heute wird ein Dorf ausgehoben, das wird anstrengend genug. Ihr da geht jetzt also mal schön auf Streife – und dann sehen wir schon weiter. Und: Immer freundlich sein, die Eingeborenen hier sind ein ganz, ganz schwieriges Volk. Werdet ihr schon merken. Und abgetreten.

3

Adam, Barrani und Chalid wurden von Wednesday eingekleidet, stehen nun mit diesem in neuer Uniform auf dem Hof.

WEDNESDAY: So, dann haben wir also alles besprochen? Ihr geht von sechs bis drei auf Streife – das sind nichts weiter als neun Stunden, ein Witz im Vergleich zu dem, was wir sonst so auf den Buckel bekommen. Festnehmen dürft ihr so viel ihr wollt, aber geschossen wird nur im Notfall. Klar soweit? Ansonsten sehen wir uns jeden Tag spätestens um drei Uhr wieder hier, damit die Waffen abgegeben werden können und ihr euren Sold mit nach Hause nehmen könnt. Genug für eure Familie wird es wohl in jedem Fall sein, wirklich was kosten kann in diesem Land ja ohnehin fast nichts. Gibt ja kaum was hier, was Kameraden? Na gut, dann war es das also für heute. Viel Glück, macht mich, euch und euer Land stolz. (*Adam, Barrani und Chalid dabei abzugehen*) Ach so: Wie heißt ihr eigentlich?

BARRANI: Mein Name ist Barrani.

CHALID: Chalid.

ADAM: Ich heiße Adam.

WEDNESDAY: Adam. Biblischer Name. Kommt mir irgendwie verdächtig vor. Aber gut. Dann mal ab mit euch. Und gebt euch Mühe: Es ist so schon schwer genug in diesem Land. Mit euch kommt der Umschwung, glaubt mir. Ab jetzt kann es ja nur noch aufwärts gehen! Jetzt werden diese Wilden von ihren eigenen Leuten kontrolliert. Ihr solltet euch freuen – immerhin seid ihr jetzt der Stolz des Landes.

II

1

Bei Adam zu Hause. Der Raum ist klein und äußerst bescheiden. Rechts und links einer kleinen Kommode steht jeweils eine Pritsche. Vor der rechten Pritsche sieht man einen kleinen Korb. Auf der Kommode steht ein alter Fernseher, der allerdings ausgeschaltet ist. Adams Frau Sahra sitzt mit dem kleinen Fahran auf dem Schoß bei einer Näharbeit. Marjam hört man draußen hantieren und leise vor sich hinschimpfen.

SAHRA: Na, kleiner Fahran, Du bist aber hungrig. Und wie hungrig Du bist, mein kleiner Schatz. Nicht dass ich es nicht verstehen könnte, ich bin auch hungrig, selbst wenn ich satt bin ist es nicht anders, kleiner Fahran. Aber ach, was soll ich Dir sagen, wir haben uns einfach die falsche Zeit ausgesucht, was? Einfach die falsche Zeit, kleiner Fahran. Die falsche Zeit für uns und das wo ich Dich doch so lieb habe. Einfach die falsche Zeit.

MARJAM: *(Betritt wütend den kleinen Raum)* Von wegen, die Zeit ist schon richtig. Es ist nach halb fünf, da gibt es kein Deuteln. Nein, nein, Kind. Die Zeit ist richtig. Wer nicht richtig ist, das ist allein er, der Taugenichts, der Verlierer, der Versager, der Tunichtgut und Gelddurchbringer, der Elende, der Wurm, der Faulenzer und Rumträumer, wer nicht richtig ist, ist einzig und allein dieser ewige –.

SAHRA: *(Springt auf)* Adam!

ADAM: *(Schleppt sich durch die Tür und lässt sich auf die rechte Pritsche fallen.)* Hallo meine geliebte Frau. Ich bin wieder da, Dein geliebter Mann, der Polizist. Der Polizist. (*Lacht*) Der Polizist –. *(Schläft ein)*

SAHRA: Adam, Du meine Güte! Wie siehst Du nur aus, mein armer Adam! Als hätte Dich der Tod persönlich schon auf einen Tee eingeladen.

MARJAM: *(Dreht sich zur Szenerie um)* Schön, wär er doch nur auch noch zum Abendessen geblieben.

SAHRA: Mutter!

MARJAM: Als ob Du das nicht auch denkst!

SAHRA: Jetzt hör' auf damit, Du weißt genau, dass dem nicht so ist.

MARJAM: Nein? Hör mal Schatz, wir alle wissen, dass das da nicht Dein Mann ist.

SAHRA: Aber natürlich ist er das. Und ich –.

MARJAM: Du was?

SAHRA: Ich –.

MARJAM: Ja?

SAHRA: Ich liebe ihn, Mutter!

MARJAM: Liebe, Liebe, mein Kind! Um Himmels Willen, hör sich das einer an, Liebe! Es ist kaum zu fassen, wie alt bist Du, Kind, dass Du mir mit solchen Geschichten kommst? Als ich Deinen Vater kennenlernte war ich jung und er ein stolzer, starker Mann, zu dem ich aufsah. Und auch wenn ich am Anfang sicher oft genug Angst vor ihm hatte, so hat er mich doch Anstand und Respekt gelehrt. Dann habe ich ihn geliebt. Das ist die –.

SAHRA: Reihenfolge, mein Kind. Ich weiß, ich weiß. Ich glaube tausend Vorträge sind am Ende wirklich genug, dass ich es auch von selbst herbeten kann. Aber ich sage: Na und?

MARJAM: Na und, na und, hör sich einer dieses unreife Geschwätz an! Er war ein guter Mann, den wir für Dich ausgewählt haben. Nicht der Beste, sicher, aber schau Dich an – den hättest Du sowieso nicht verdient. Er war –.

SAHRA: Siebzehn Jahre älter.

MARJAM: Er war –.

SAHRA: Fett wie eine Tonne.

MARJAM: Er war –.

SAHRA: Der Alptraum jedes Zahnarztes.

MARJAM: Er war der Richtige.

SAHRA: War er nicht.

MARJAM: War er doch. Und hör auf schlecht über ihn zu sprechen, er war immerhin Dein Mann.

SAHRA: War er nicht.

MARJAM: Wir hatten ihn schon ausgewählt! Und wäre nur nicht –.

SAHRA: Ach Mama. (*Nimmt sie in den Arm*)

MARJAM: (*Schluchzt*) Wäre nur nie dieser Tag gekommen.

SAHRA: Niemand hat sie gezwungen.

MARJAM: Ach, er war so böse, Dein Vater. So sauer. „Niemand nimmt uns unser Land weg", hat er gesagt. „Niemand bestimmt uns, was wir zu tun und zu lassen haben."

SAHRA: Ach Mama.

MARJAM: Du weißt, er war nie besonders religiös. Religiös zwar, sicher. (*Beugt sich schnell zum Boden*) Aber nicht, nicht, nicht –.

SAHRA: Fanatisch.

MARJAM: Ja, genau. Du weißt es, mein Schatz. (*Kleine Pause*) Aber Du weißt auch, dass der da, der da –. (*Fuchtelt in Richtung Adam*)

SAHRA: Er war es nicht, Mama. Es war sein Vater!

MARJAM: Seine Brut war es, seine Familie, sein Moloch, das war es! Der mit seinen Ideen! „Komm, ich habe hier eine Panzerfaust. Komm, die Gruppe hat sie mir gegeben. Komm wir zerstören einen von diesen Tanks, mit denen sie unsere Dörfer niederfahren, unsere Frauen und Kinder. Komm, es ist ganz einfach, komm, komm."

SAHRA: Du weißt genau, dass es so nicht war, Mama.

MARJAM: Natürlich war es das! Lüg nicht mein Kind. Es ist schlimm genug, dass Du Dich an diesen Versager geheftet hast. Eine Versagerin ist meine Tochter also schon, da will ich sie nicht auch noch eine Lügnerin nennen müssen.

SAHRA: Er hat sich gut um uns gekümmert und auch Du hast seine Hilfe angenommen.

MARJAM: Schwach ist er. Schwach und dumm. Deshalb haben sie ihn nicht mitgenommen, die richtigen Männer, die etwas getan haben. Etwas getan haben! Nicht nur gewartet haben, bis sie uns weiter knechten! Die Mut hatten, Entschlossenheit! Nicht feige den Schwanz eingezogen haben, als es darauf ankam!

SAHRA: Mutter!

MARJAM: Ach, was weißt Du schon. Tapfer waren sie. Tapfer!

SAHRA: Und was hat es ihnen gebracht? Das bringt sie auch nicht wieder!

MARJAM: Wie wagst Du es nur, so zu sprechen! Wie wagst Du es nur, wie wagt es die Frucht meines eigenen Leibes! Von ihrem Vater! Ihrem Mann!

SAHRA: (*Lahm*) Er war nicht mein Mann.

MARJAM: Ach, welch Schmerz bereitest Du mir, welch Schmerz! (*Sinkt weinend zusammen*)

SAHRA: (*Beugt sich über sie*) Mutter, ach liebe Mutter. Verzeih Mutter, meine liebe Mutter. Bitte, nimm einen Schluck Wasser (*Sieht in den Krug, der aber leer ist*), oder ein Stück Brot. (*Auch der Korb ist leer*) Alles leer? Alles leer. (*Zu Fahran*) Alles leer, Kind. (*Fahran fängt an zu greinen*) Ach herrje, das auch noch. Adam, ist denn kein Brot mehr da? (*Adam rührt sich noch immer nicht. Sahra schreit*) Adam!

ADAM: Was? Wer, wie? Ich war es nicht! Hände hoch, Polizei! (*Kommt zu sich*) Um Himmels Willen, Sahra, was schreist Du mich denn an?

SAHRA: Das Wasser, Adam. Das Wasser.

ADAM: Natürlich, Du hast ja Recht, meine liebe Sahra. Wie konnte ich auch nur so zerstreut sein. Sicher bin ich schon sehr viel weniger erschöpft, wenn ich nur einen Schluck kühlen Nasses zu mir nehme.

MARJAM: Siehst Du? Er ist nicht nur überflüssig, er ist auch noch dumm.

SAHRA: Aber Mutter, er hat mich doch nur missverstanden.

MARJAM: Ist Dummheit wirklich eine Entschuldigung dafür dumm zu sein? Ach Kind, was geht nur in Deinem Kopf vor. Aber von mir aus: Er ist ein Missversteher. Ein Missverständnis. Und überflüssig.

ADAM: Ich danke Dir, Marjam, für Deine Gabe jetzt und auch sonst an jedem Tag Dich zur Wahrheit zu bekennen. Es ist schön, dass Du eine grundlegende Ehrlichkeit einer jeden Heuchelei vorziehst.

MARJAM: Mein Ahmad würde im Himmel auf Dich warten um Dir Deine frechen Reden gehörig mit der Peitsche auszutreiben, Du Nichtsnutz, wenn doch nur der Hauch einer Möglichkeit bestünde, dass sie einen wie Dich ins Paradies einließen.

ADAM: Das wäre aber auch irgendwie bedauerlich, könnten wir uns dann doch nach dem Tod nicht mehr recht aneinander erfreuen.

MARJAM: Darf er so mit mir reden? Kind, sag, darf er so mit mir reden? Mit Deiner Mutter.

SAHRA: Adam!

ADAM: Geliebte Sahra!

SAHRA: Adam, ich –. (*Fahran beginnt zu weinen*) Adam! Schau Dir an, was Du gemacht hast! Jetzt weint der Kleine wieder – und warum? Nur weil Du ihm kein Wasser holst!

ADAM: Ach richtig, das Wasser. Für den Kleinen. Wasser. Ich eile! Ich eile, meine geliebte Sahra! (*Will los*)

SAHRA: (*Ruft ihm hinterher*) Adam! Der Krug, Adam! Wo hast Du nur Deinen Kopf? (*Adam kehrt zurück*)

MARJAM: Noch immer auf dem Hals, das ist ja das Problem.

ADAM: Danke, meine Sahra.

SAHRA: (*Schüttelt den Kopf, nimmt Adam dann aber in den Arm*) Adam, ach Adam. (*Adam lehnt sich an ihre Schulter, sinkt ein wenig zusammen; dann dreht sie ihn von sich*) Und jetzt ab mit Dir. (*Er stolpert los; Sie hinterher, den Krug in der Hand*) Adam! Der Krug!

2

Ein Brunnen, dahinter ein marktähnlicher Platz mit Ständen. An einem davon steht Demel, der Tonstücke anbietet. Adam betritt die Bühne von links, den Krug schwenkend, ein wenig unsicher auf den Beinen. Er setzt sich am Brunnenrand ab und atmet durch, beginnt dann langsam an der Kette zu ziehen. Dabei singt er ein Lied, während er von Demel beobachtet wird, der sich langsam annähert.

ADAM: Es gibt ein fernes Land, mein Kind
Weit hinter diesen Höhen
Wo die Träume wirklich sind
Einst wirst Du das verstehen.

Es gibt ein fernes Land, mein Kind
Nach dem die Wünsche streben
In einem anderen Land, mein Kind
Werden wir einmal leben.

In einem anderen Land, mein Kind
Halt Deinen Zweifeln stand
Bis wir einst freie Menschen sind
In einem anderen Land.

DEMEL: Das Lied kommt mir ziemlich bekannt vor, Adam.

ADAM: Ach Demel, verzeih, ich hörte Dich nicht kommen.

DEMEL: Nein, Adam. Verzeih Du, ich wollte Dich nicht stören. Ich konnte nur eben ein klein wenig diesem Lied lauschen, eines von denen – Du weißt schon, die wir eben früher gehört haben – und war wie ergriffen, so sehr hat es mich gefreut. Es ist seltener geworden, dass man eines davon zu Ohren bekommt. Die Leute singen nicht mehr so viel, Adam. Sie lachen auch nicht mehr so viel, genau so, wie sie nicht mehr so viel essen, trinken oder leben.

ADAM: Es ist keine einfache Zeit.

DEMEL: Wem sagst Du das, Adam! Es ist keine einfache Zeit, nein! Überhaupt keine einfache Zeit, wenn Du mich fragst. Und wenn Du mich fragst – der Grund dafür ist offensichtlich.

ADAM: Ach, ich weiß nicht, ob ich Dich frage, Demel.

DEMEL: (*Bestätigend*) Du weißt es. Und Du hast Recht. Du hast völlig Recht. Es sind die Besatzer.

ADAM: Die Besatzer?

DEMEL: Ganz genau! Ich wusste, dass Du so denkst wie wir, Adam. Da staunst Du, was? Denn natürlich rede ich nicht etwa nur für mich, nein, nein, ich spreche für uns, uns die wir nicht zu sehen sind, aber doch im Geheimen lauern, uns die wir nicht zu hören sind, aber doch ganz genau selbst lauschen, uns die wir nicht zu spüren sind, die aber spüren lassen, dass sie sie erkannt haben, die Zeichen der Zeit.

ADAM: Ach, Demel, ich weiß nicht, ob ich Dir folgen kann. Ich –. Also eigentlich wollte ich nur ein wenig Wasser, weil er schreit, der Fahran.

DEMEL: Dein Sohn?

ADAM: Du weißt das?

DEMEL: Mehr als Du denkst.

ADAM: Aber –.

DEMEL: Es ist edelmütig, was Du tust, Adam. Edelmütig und aufrecht. So wie es sich für einen Sohn dieses Landes gehört.

ADAM: Du –.

DEMEL: Wir wissen alles. Wir sind ein Volk, da gibt es keine Geheimnisse. Und nun lass mich Dir mit der Kette helfen. Denn Du siehst: Wir halten zusammen. Wir sind eins. Wir lassen einander nicht hängen. Zieh mal, Adam, zieh mal. Siehst Du: Von ganz unten holen wir das Wasser, anstrengend ist das und dann ist es noch nicht einmal rein. Da wird er sich schön gedulden müssen, Dein Fahran, bis Du diese Brühe abgekocht hast. Sieh es Dir an, Adam: Eine scheußliche Brühe, oder nicht? Oder sieh Dich hier um, Adam. Sieh Dich um! Was siehst Du? Zelte! Gestelle! Wie vor hundert Jahren, Adam, vor hundert Jahren!

ADAM: Ich weiß nicht.

DEMEL: (*Wird laut, fuchtelt mit der Hand*) Vor hundert Jahren!

ADAM: Ja. Nein. Also: Ich weiß, Demel. Ich weiß das doch.

DEMEL: Und was hältst Du davon?

ADAM: Naja.

DEMEL: Sag, findest Du das etwa gut?

ADAM: Nein, natürlich –.

DEMEL: Eben! Eben. Und was tust Du dagegen?

ADAM: Also, ich weiß nicht. Was soll man dagegen tun, hm, eine schwierige Frage. Sicher, es wäre wichtig, darüber zu sprechen, aber eigentlich, also der Kleine –.

DEMEL: Du weißt es wirklich nicht?

ADAM: Also, der Kleine, er braucht Milch, Wasser. Also weißt Du, Demel, er schreit und –.

DEMEL: Adam!

ADAM: Ja?

DEMEL: Du lenkst ab, Adam.

ADAM: Richtig, ich lasse mich ablenken, richtig, das ist wahr. Immer ist mein Kopf hier und dann da, tja, was soll man machen, alles ist hier und dort und dann wieder ganz anders und nur gleichzeitig, verstehst Du? Ach es kann schon mal kompliziert sein, oder nein, oder ja, oder doch. Also wie gesagt, der Kleine –

DEMEL: Wir müssen nicht reden, Adam.

ADAM: Oh nein, natürlich, das müssen wir nicht, natürlich nicht, selbstverständlich. Ich meine, sicher, ich rede gerne, ach den ganzen Tag könnte ich nur reden, etwa hierüber oder darüber oder über etwas ganz anderes, aber siehst Du, jetzt gerade –.

DEMEL: Ja?

ADAM: Also jetzt gerade –.

DEMEL: Ja?

ADAM: (*Lahmer*) Also, der Kleine.

DEMEL: Verstehe. Du magst ihn scheinbar.

ADAM: Sehr, wenn er nicht schreit. Und ansonsten auch. In der Regel. Meistens. Eigentlich oft, ich meine –.

DEMEL: Du magst ihn.

ADAM: Ja.

DEMEL: Dann möchtest Du sicher, dass es ihm gut geht.

ADAM: (*Langsam*) Wie meinst Du das?

DEMEL: Ich meine: in der Welt.

ADAM: (*Erleichtert, aber immer noch langsam*) Aber ja.

DEMEL: (*Bestätigt*) In dieser Welt also. Adam! In dieser Welt! (*Zeigt um sich*)

ADAM: (*Lahm*) Also weißt Du, das Wasser.

DEMEL: Ich weiß, Adam, ich weiß ganz genau, was Du denkst, was Du sagen willst. Ich weiß, es ist viel und ich weiß, es schmerzt. Aber ich weiß auch, Du weißt, dass Du Recht hast. Ja, Adam, Du hast Recht! Es muss etwas getan werden!

ADAM: Ja, ich brauche Wasser.

DEMEL: Genau, Adam! Wasser musst Du sein, Wasser auf die Mühlen –.

ADAM: Welche Mühlen?

DEMEL: Die Mühlen der Revolution, Adam. Der Revolution! (*Schüttelt seine Hand*) Ich wusste es! Ich bin wirklich froh, dass wir auf einer Seite stehen, Adam! Einen wie Dich können wir immer gebrauchen. Am Besten ich stelle Dich ihm so rasch wie möglich vor.

ADAM: Ihm?

DEMEL: Ihsan.

ADAM: Ihsan?

DEMEL: Du wirst ihn kennen lernen, Du wirst verstehen und Du wirst begeistert sein. Niemand formuliert sie so genau, so präzise und eindeutig.

ADAM: Ja. Wen?

DEMEL: Die Lage, Adam, die Lage. Die Lage dieses Landes, dieser Region. Unsere Lage! (*Plötzlich*) Achtung, Freund!

Tuesday patrouilliert vorbei, wirft einen Blick auf den Stand und greift sich an die Mütze; Adam hat sich schnell abgewandt.

DEMEL: Es ist hier kein sicherer Ort, Adam. Wie müssen vorsichtig sein, vorsichtig! Gleich heute Abend komme ich bei Dir vorbei, Adam, und hole Dich ab. Dann wirst Du Ihsan kennen lernen und endlich auch wieder eine Perspektive sehen können. Und jetzt geh endlich zu Deinem Kind – ich denke es braucht Wasser, Adam! Denk an den Kleinen, ich bitte Dich. Schließlich sind die Kinder unsere Zukunft und so weiter. Also ab mit Dir jetzt – und vergiss nicht: In ein paar Stunden hole ich Dich.

3

In Adams Haus.
Sahra und Marjam sind zu Hause, als Adam ohne den
Krug durch die Tür wankt.

SAHRA: Adam! Wo bleibst Du denn nur, um Himmels
Willen! (*Adam fällt ihr in die Arme*) Leise, Fahran
schläft.

ADAM: Wo ich bleibe, wo ich bleibe? Aber ich bleibe
doch nirgends, ich bin doch hier.

MARJAM: Wir sehen es und – der Allmächtige bewahre – wir können es auch riechen. Den Rest Deines
kümmerlichen Verstandes müssen wir mit unseren
müden Knochen aber wohl noch draußen im Sand
zusammenklauben.

SAHRA: Mutter!

MARJAM: Wo hat er denn das Wasser?

ADAM: (*Schrickt auf*) Das Wasser!

SAHRA: Aber Adam, mein Adam, was ist nur mit Dir
los?

ADAM: Ich –. Hör mal, Sahra, wir müssen reden.

MARJAM: Reden, reden, das ist wohl alles, was der
Herr Adam kann.

Laila betritt den Raum, erzürnt.

LAILA: Immerhin kann er das gut.

ADAM: Mutter!

SAHRA: *(Senkt ihr Haupt)* Schwiegermutter.

MARJAM: Die schon wieder.

LAILA: Wie bitte?

MARJAM: Ach, nichts.

LAILA: Ich weiß schon, ich weiß schon, wo ich willkommen bin. Aber sorgt euch nicht, ich bin nicht lange hier. Alles was ich brauche ist der Elektroadapter.

SAHRA: Sie sind hier immer willkommen, Frau Laila.

LAILA: Schon gut, schon gut. Aber lassen wir das Gerede, Adam, gib Deiner Mutter ein wenig Wasser.

MARJAM: Es wäre zum Lachen, wenn es nicht zum Weinen wäre.

LAILA: Da kann ich mich wohl nur anschließen.

ADAM: Mutter!

LAILA: Dich hat keiner gefragt. Und wo ist jetzt das Wasser?

ADAM: Ich kann es holen.

LAILA: Ihr habt kein Wasser auf Vorrat. Kein Wasser! (*Zeigt auf Sahra*) Was ist mir ihr, warum kann sie es nicht holen?

MARJAM: Das wäre ja noch schöner!

ADAM: Aber Mutter, sie muss sich doch um das Kind kümmern, um Fahran.

LAILA: Das Kind? Ich höre immer nur das Kind. Ihr Kind, will ich meinen.

ADAM: Nicht schon wieder, Mutter, bitte.

MARJAM: Ja, nicht schon wieder. Geh lieber Wasser holen, Adam.

LAILA: Mein Sohn ist doch kein Wasserträger, ich bitte Dich, Marjam.

MARJAM: Was ist er?

LAILA: Du weißt es ganz genau!

MARJAM: Ja? Was denn, was denn?

ADAM: Bitte nicht.

LAILA: Mein Sohn, Marjam, ist –.

MARJAM: Ja, komm, sag es.

LAILA: Er ist Professor.

MARJAM: Professor!

LAILA: Aber er ist es. Sag etwas, Adam.

ADAM: Sicher, aber –.

MARJAM: Professor! Ich bitte Dich, Laila, was soll das? Wir sind im Krieg, oder etwa nicht? Im Krieg und das schon seit Jahren, seit mindestens – ach was soll's, eigentlich schon immer. Professor, also um Himmels Willen, hat man so etwas schon einmal gehört. Aber das ist ja noch nicht alles: Weiß er wie man Maschinen baut, wie man Wasser durch diese Hölle lenkt, kann er Waffen basteln, Bomben gegen die Besatzer, kann er Kranke heilen, Verwundete, unsere Kämpfer, unsere Kinder? Kann er, Laila? Er kann ja nicht einmal Wasser holen!

ADAM: Also das mit dem Wasser kann ich mir offen gestanden auch nicht erklären.

Demel kommt herein, bleibt aber angesichts des Tumults im Hintergrund stehen.

LAILA: Nicht erklären, aha. Ich kann mir manches auch nicht so recht erklären. Wie es keine Dankbarkeit geben kann, zum Beispiel. Wie es selbstverständlich ist, dass eine Frau mit einem Kind, einem kleinen Kind und ohne Zukunft aufgenommen wird im Arm eines –.

MARJAM: Gerede, Gerede! Eines was? Eines Tunichttguts und Berufsversagers vielleicht.

LAILA: Also bitte.

MARJAM: Also was? Und überhaupt: Jetzt will die Frau eines Märtyrers gefälligst auch etwas Wasser.

SAHRA: Ach Adam, kannst Du nicht noch etwas Wasser holen?

ADAM: Aber da komme ich doch gerade her – und deswegen muss ich auch so dringend mit Dir sprechen.

SAHRA: Adam, jetzt ist wirklich keine Zeit für irgendwelche Feinheiten. Gib Deiner Mutter doch den Adapter, sorg dafür, dass dieser Mann hier geht und hol doch um Himmels Willen noch ein wenig Wasser!

ADAM: Ja, das Wasser. Moment: Welcher – Demel! Was tust Du denn hier?

DEMEL: Nun, also –. Ich wollte nicht stören.

ADAM: Aber wie lange bist Du denn schon hier?

MARJAM: Wie lange ist der denn schon hier?

DEMEL: Lange genug. Würde ich mal sagen. Aber hör mal Adam, so kurzweilig das auch alles war, es eilt jetzt so langsam.

ADAM: Es eilt?

DEMEL: Wir haben einen Termin.

SAHRA: Es gibt hier keinen Termin, was wir als Erstes brauchen ist ein wenig Wasser.

LAILA: Schließlich sind hier ältere Damen anwesend. Respektpersonen.

MARJAM: Ich sag es nicht gerne, aber die da hat Recht.

DEMEL: Aber bitte, wenn Sie Wasser benötigen, dann nehmen Sie doch hiervon.

ADAM: Mein Krug!

DEMEL: Er stand noch am Brunnen.

SAHRA: Danke, haben Sie vielen Dank.

MARJAM: Siehst Du, Adam, das ist doch mal ein feiner junger Mann. Kein verzogener Nichtsnutz wie Du.

LAILA: Der? Das? Das ist Demel, ein Tölpel aus dem Bilderbuch. Ohne meinen Adam hätte der doch wahrscheinlich nicht einmal die Grundschule geschafft.

DEMEL: Ich denke nun also, dass es Zeit wird zu gehen.

LAILA: Zu gehen? Adam?

ADAM: Ich erkläre es Dir später, Mutter. Wer weiß, vielleicht habe ich es dann ja auch verstanden.

MARJAM: Es kann schon kein Schaden sein, wenn er sich an ordentlichen Leuten orientiert.

SAHRA: Aber Adam –.

ADAM: Ich sagte doch, wir müssen reden.

SAHRA: Aber –. Na gut, aber dann nimm wenigstens einen anderen Krug mit, damit Du Wasser holen kannst, auf dem Rückweg.

ADAM: Ich –.

DEMEL: Adam, los, es eilt. (*Beide ab*)

LAILA: (*Ruft ihm hinterher*) Adam! Der Krug!

4

Ein Hinterzimmer; von draußen hört man Geräusche. An einem schäbigen Schreibtisch sitzt Ihsan und starrt gedankenverloren ins Leere. Ansonsten füllt undefinierbares Gerümpel aller Art, vornehmlich Bretter und Ordner, den Raum. Nach einer kleinen Weile, in der Ihsan sich höchstens ausgiebig kratzt, nicht aber seinen Blick ändert, kommen Demel und Adam herein.

DEMEL: Ihsan!

IHSAN: Demel! Und äh –.

DEMEL: Adam.

IHSAN: Adam. Biblischer Name. Kommt mir irgendwie verdächtig vor. Aber gut. Was gibt es?

DEMEL: (*Freudestrahlend*) Er ist bereit!

IHSAN: Ist er. So, so. (*Versinkt in Gedanken*)

ADAM: Entschuldigung.

IHSAN: (*Verstört*) Ja?

ADAM: Wozu –. Also wozu bin ich denn bereit?

DEMEL: Na für die Sache, das haben wir doch besprochen.

ADAM: Also offen gestanden kann ich mich nicht erinnern.

DEMEL: Auf dem Weg hierher.

ADAM: Wir sind vor meiner Schwiegermutter, meiner Mutter und meiner geliebten Frau geflohen, haben den alten Hasan getroffen, einen Wagen mit Hühnern umgerannt und sind mit dem Esel von Malik zusammengestoßen. Aber dass wir dabei besonders viel miteinander geredet hätten – ich weiß nicht, ob ich mich daran nicht erinnern würde.

DEMEL: Doch.

ADAM: Was?

DEMEL: Doch, Du erinnerst Dich.

ADAM: Aber –.

IHSAN: Sag mal, Demel, irgendwie kommt mir das ein wenig komisch vor.

DEMEL: Aber ich sage doch, er ist bereit. (*Zu Adam*) Bitte Adam, Du bringst mich in Teufels Küche. Bist Du jetzt bereit, oder was?

ADAM: Bin ich das denn?

DEMEL: Aber natürlich.

IHSAN: Also was jetzt, ist er bereit oder wie?

DEMEL: Er ist bereit!

ADAM: Ich bin bereit?

IHSAN: Bereit?

DEMEL: Bereit!

ADAM: Also, wenn ich da mal anmerken dürfte, dass ich das alles nicht so ganz verstehe –.

DEMEL: (*Laut*) Bereit, bereit! Jawohl!

IHSAN: Ich weiß nicht.

DEMEL: (*Zu Ihsan*) Bist *Du* denn bereit?

IHSAN: Wie bitte?

DEMEL: Bist Du denn bereit?

IHSAN: Also darum geht es jetzt ja gar nicht.

ADAM: Entschuldigung, aber bereit – also wofür denn?

DEMEL: Nein?

IHSAN: Also darum geht es nun wirklich überhaupt und gar nicht. Das verbitte ich mir!

DEMEL: Dann ist es doch umso schöner, dass *er* bereit ist.

IHSAN: Wer er?

ADAM: Wer er?

DEMEL: Na, er.

IHSAN: Ach so, er.

ADAM: Geht es jetzt um mich oder was?

DEMEL: (*Zu Ihsan*) Wir verstehen uns.

IHSAN: Verstehen wir uns!

ADAM: Aber bitte, ich verstehe nun also wirklich gar nichts. Und außerdem brauche ich Wasser und einen Krug und ich bin so fürchterlich müde, wisst ihr, es ist schon Tage her, dass ich nicht mehr geschlafen habe. (*Wird immer langsamer*) Und Fahran und Marjam, die Fürchterliche und – sagt mal, ihr hört mir gar nicht zu, nicht wahr?

IHSAN: (*Überlegt zunächst, dann entschlossen*) Also ist er bereit?

DEMEL: Ja.

IHSAN: Ist er?

ADAM: Aber sicher. Von mir aus, bin ich eben bereit. Bereit, bereit. Aber: Für was denn nur?

IHSAN: Dann bist Du also bereit?

ADAM: Ja. Nein. Vielleicht. Also wirklich, so langsam wird es mir zu bunt. Hört mal Leute, ich hatte heute einen anstrengenden Tag und habe allmählich wirklich genug.

IHSAN: Aber genau! Das haben wir doch alle. Genug von dieser Situation, von diesem Krieg, von den verfluchten Besatzern.

ADAM: Oh nein, jetzt kommt mir nicht schon wieder damit.

IHSAN: Genau. Richtig! Wir können es selbst auch schon lange nicht mehr sehen!

ADAM: Hör mal, Lihsan oder wie auch immer Du heißt.

DEMEL: Ihsan.

ADAM: Also gut, Mihsan – wie auch immer.

DEMEL: Er heißt Ihsan.

ADAM: Also gut Ihsan, hör mal, ich –

DEMEL: Vielleicht solltest Du ein wenig respektvoller sprechen, immerhin ist er ein großer Führer der Bewegung.

ADAM: Welche Bewegung denn schon wieder? Aber gut, was soll's. Also, Ihsan, hören Sie mal, ich – also ich habe den Faden verloren.

IHSAN: Geht es uns nicht allen manchmal so? Dass wir den Faden verlieren, die Orientierung, uns schwer zurecht finden, uns der Alltag erschlägt? Nein?

ADAM: Also bitte, Ihsan, Sie, was auch immer Sie hören wollen. Ich weiß nur: Das hier, genau das, also das hier kann jedenfalls ich nicht mehr hören.

IHSAN: Hörst Du, Demel, er kann es nicht mehr hören. Er kann es nicht mehr hören und damit geht es ihm genau so wie uns.

ADAM: Nicht schon wieder.

IHSAN: Genau! Kommen wir nicht schon wieder damit! Machen wir Schluss! Du sagst es, Adam. Du sagst es.

ADAM: Hört mal, ihr müsst mir doch eine Gelegenheit geben, da irgendwie rauszukommen.

IHSAN: Aber natürlich, Adam. Genau deswegen bist Du ja hier. Um auszubrechen, rauszukommen, Dich zu behaupten, aufzulehnen, stark zu sein, für Dich, für uns alle. Ich neige mein Haupt vor Dir, Adam, ich neige mein Haupt vor Anerkennung. (*Wirft Demel einen Blick zu, worauf dieser es ihm gleichtut.*)

ADAM: Ich –. Also hört mal, es hat Spaß gemacht hier mit euch. Wirklich, es war prima. Aber jetzt, also wirklich, jetzt muss ich aber leider los, tja, wie das Leben nun manchmal so spielt. Aber wisst ihr, zu Hause, also da habe ich eine Frau sitzen, ein Kind, eine Mutter und eine Schwiegermutter und sie alle knobeln im Geheimen aus, wer mich als nächstes mit aller Wucht von den Beinen holt. Aber wisst ihr, da braucht es eigentlich fast niemanden mehr, schließlich habe ich ja wenig geschlafen und – kurzum: Ich sollte jetzt gehen.

IHSAN: Nein.

ADAM: Nein?

IHSAN: Nein.

ADAM: Oh. Vielleicht?

IHSAN: Nein.

ADAM: Nein. (*Schweigen*) Und warum?

IHSAN: Du bist auserwählt.

ADAM: Auserwählt.

IHSAN: Genau.

ADAM: Genau.

IHSAN: So ist es.

ADAM: So ist es.

IHSAN: Demel, sag ihm er soll aufhören mir alles nachzureden.

DEMEL: Adam, Ihsan sagt, Du sollst aufhören –.

ADAM: Demel.

DEMEL: Ja?

ADAM: Ich kann ihn selbst hören.

DEMEL: Oh.

ADAM: Ja. Oh. (*Sammelt sich*) Also gut, Freunde, ich fürchte wir haben uns gerade eben ein wenig missverstanden, aber was soll's, das kommt in den besten Familien vor. Wie dem auch sei, tut mir leid, es war super mit euch, wirklich, wir müssen das unbedingt noch einmal wiederholen, sagen wir nächste Woche? Zum Jahresende? Nach dem nächsten Flächenbombardement auf die Hauptstadt? Ja? Nein? Ach wie dem auch sei, wir werden ja schon sehen. Also dann, meine Freunde. (*Will ab*)

IHSAN: Adam. (*Adam wird langsamer, bleibt stehen*)

ADAM: Ja?

IHSAN: Adam, Du wirst nicht gehen.

ADAM: Nein?

IHSAN: Nein. Sie würden es nicht verstehen.

ADAM: Nein?

IHSAN: Nein.

ADAM: Es ist unnötig zu fragen wen genau Du meinst, oder?

IHSAN: Deine Familie. Deine Frau. Dein Kind. Deine Mutter. Deine Schwieger –.

ADAM: Lass sie aus dem Spiel. Egal welche Hölle sich auftut, aber lass sie aus dem Spiel. Sie bleibt in dieser hier, die nächste Hölle findet ohne sie statt, so viel Gerechtigkeit muss sein.

IHSAN: Du bist ein Komiker, Adam. Wir mögen das.

ADAM: Ihr?

IHSAN: Wir, Deine Freunde: Demel, ich, Demel –. Du weißt schon: Wir eben.

ADAM: Ich mag euch ja nicht besonders irritieren und ich freue mich natürlich auch über das ganz enorme Vertrauen, aber: Wer seid ihr?

DEMEL: Wir sind die –. (*Ihsan räuspert sich*)

IHSAN: (*Feierlich*) Wir sind die MRP.

DEMEL: Nicht mehr nur die RP?

IHSAN: Nein, wir haben ein „M" dazubekommen.

DEMEL: Ich bin mir nicht sicher, dass wir das abgestimmt haben.

IHSAN: Doch, das haben wir.

DEMEL: Haben wir nicht.

IHSAN: Doch, haben wir.

DEMEL: Das hast Du Dir allein ausgedacht.

ADAM: Moment, Moment. Ihr meint also ihr beide – also ihr seid die MRP?

IHSAN: In ihrer vollen Pracht und Stärke.

ADAM: Das ist ein Witz.

IHSAN: Oh, entschuldige, dann habe ich ihn nicht verstanden.

ADAM: Nein, ich meine das mit euch, der RP ist ein Witz.

DEMEL: MRP. Scheinbar.

IHSAN: Vorsicht, Bruder, beleidige nicht unser tapferes Bündnis.

ADAM: Ein Bündnis aus zwei Teilnehmern.

IHSAN: Drei.

ADAM: Wieso, wer fehlt noch? Der mit der Panzerfaust oder der mit den Schwimmflügeln und der Clownsnase?

IHSAN: Du.

ADAM: Ich?

IHSAN: Aber natürlich, Du bist eines unserer wichtigsten Glieder.

DEMEL: Du bist unser Freiwilliger!

ADAM: Ich? Aber –.

IHSAN: Oh, sie werden alle so stolz auf Dich sein, Deine Frau, Dein Sohn, Deine Mutter – na und eben der Rest.

ADAM: Aber, ich –. Ich bin kein Freiwilliger.

IHSAN: Aber hast Du nicht gesagt, Du seist bereit?

ADAM: Nein!

DEMEL: Doch.

IHSAN: Ich denke auch, dass „Doch" die richtige Antwort ist. Demokratie. Eine lustige Sache. Wie dem auch sei, wir haben wenig Zeit. Es gibt viele Anschläge zu planen.

ADAM: Moment mal, ihr plant Anschläge? Anschläge? Hier? Nur ihr? Zu zweit?

DEMEL: Die Menschliche Revolutionäre Partisanengruppe plant die Anschläge.

IHSAN: Demel?

DEMEL: Ja?

IHSAN: Das „M" steht für militant.

DEMEL: Genau.

IHSAN: Du siehst: Wir sind perfekt organisiert.

ADAM: Ihr seid –. Ich meine, ihr seid nur zu zweit!

IHSAN: Wir sind eine der mächtigsten, Allianzen, die es gibt. Die mächtigste sogar, wenn man genauer darüber nachdenkt.

ADAM: Ach ja? Warum?

IHSAN: (*Windet sich ein wenig*) Naja. Also um ehrlich zu sein: Wir sind die letzte die es gibt.

ADAM: Die letzte?

IHSAN: Die Selbstmordanschläge haben die anderen Truppen ganz schön dezimiert, weißt Du.

ADAM: Aha. Euch nicht.

IHSAN: Wir selbst können so etwas nicht ausüben.

ADAM: Natürlich nicht.

IHSAN: Wir sind doch das Planungskomitee.

ADAM: Das Planungskomitee.

DEMEL: Genau. Wir planen Selbstmordanschläge!

ADAM: Ihr beiden.

DEMEL: Genau! Deswegen brauchen wir ja auch Freiwillige.

ADAM: Freiwillige. Aha. Oh, Moment mal. Nein, nein Leute, vergesst das. Nein sage ich. Hört mal, nein!

IHSAN: Ach komm, Adam. Es ist doch für die gute Sache.

ADAM: Ihr spinnt wohl! Ich weiß ja nicht mal um welche Sache es überhaupt geht. Und außerdem brauche ich jetzt Milch für zu Hause.

IHSAN: Aber hör mal, reicht es denn nicht zu wissen, dass die Sache die gute ist? Ist das nicht ein unermesslicher, ein ganz enormer Luxus im Leben zu wissen, dass man auf der richtigen Seite steht? Dass man sich verantwortlich und vernünftig entschieden hat? Und vergiss nicht die Belohnungen, die auf Dich warten.

DEMEL: Für Deine Familie wird gesorgt.

IHSAN: Du siehst – es ist perfekt durchdacht.

ADAM: Nein.

IHSAN: Wie, nein?

ADAM: Ich mache das nicht.

IHSAN: Ah, das ist verständlich. Lampenfieber vor der Premiere. Aber sorg Dich nicht, Adam, das vergeht schon sobald Du Deinen großen Auftritt hast.

DEMEL: Es ist dann wie weggeblasen.

ADAM: Hört mal.

DEMEL: Wirklich! Das wird der Knaller! Ein echter Kracher.

IHSAN: Demel.

DEMEL: Ja?

IHSAN: Lass das.

DEMEL: Entschuldigung.

ADAM: Nein.

IHSAN: Wie, immer noch?

ADAM: Ja.

IHSAN: Also doch ja.

ADAM: Nein.

DEMEL: Also jetzt bin ich durcheinander.

IHSAN: Aber Deine Familie.

ADAM: Nein.

IHSAN: Deine Frau.

ADAM: Nein!

IHSAN: Deine Schwiegermutter!

ADAM: So, das reicht, jetzt gehe ich.

IHSAN: Aber Adam, bitte. Nur ein ganz, ganz kleiner Anschlag!

ADAM: Nein, um Himmels Willen und jetzt ist Ruhe.

IHSAN: Was fehlt Dir denn, Adam, wie können wir Dir helfen?

ADAM: Ruhe brauche ich, Ruhe und weniger Verrückte um mich herum. Und Wasser. In einem Krug. Ruhiges Wasser.

IHSAN: Und – Geld?

ADAM: Geld?

IHSAN: Naja. Du weißt schon. Zum Bezahlen und so.

ADAM: Also Geld, ja gut, nun, das fehlt natürlich schon ein wenig.

IHSAN: Was für ein Zufall – wir haben welches.

DEMEL: Die Paramilitärische Front hat es uns zur Aufbewahrung gegeben. Und dann wurden sie alle –

ADAM: Ja?

DEMEL: Erwischt.

ADAM: Erwischt. (*Kleine Pause*) Von was?

DEMEL: Einem Panzerbataillon.

IHSAN: Einem kleinen.

ADAM: Einem Panzerbataillon.

IHSAN: Ein Jammer.

DEMEL: Ein großer Jammer.

ADAM: Also ich –.

IHSAN: Ich verstehe schon, Du weißt nicht wie Du Deiner Betroffenheit Ausdruck verleihen sollst. Schweigen wir einfach.

ADAM: Aber –.

IHSAN: Es ist gut das teilen zu können. Wirklich. Es gibt viel Frieden dass wir so eng zusammenhalten. Danke, Adam.

DEMEL: Danke, Adam.

ADAM: (*Lahm*) Bitte, gern geschehen. (*Schüttelt sich*) Also Moment, Moment, so geht das aber einfach nicht. Seht mal, ich bin nur ein einfacher Mann.

IHSAN: Das sind wir alle, Adam.

ADAM: Also entweder Sie lassen mich ausreden, oder ich verlasse diesen Raum auf der Stelle.

IHSAN: Aber Deine Frau.

ADAM: Kein Ton mehr. Gut. Also. Wo war ich? Ach so, na gut: Ich bin nur ein einfacher Mann, genau wie ihr. Und ja, es gefällt mir nicht, wie die Situation hier ist, keinesfalls gefällt mir das. Es stört mich sogar ungemein, natürlich tut es das, schließlich kann ich nicht mehr in meinem Beruf arbeiten, muss ich ständig aufpassen nicht falsch verdächtigt zu werden, egal von welcher Seite und kann schon seit drei Monaten nicht mehr mein Geschirr spülen, ohne dazu um neun Blocks laufen, drei Ziegen und vier Invaliden ausweichen und das Gezeter meiner Schwiegermutter ertragen zu müssen. Aber trotzdem, seht mal, das hier ist sicher ein verrücktes Land und es ist voll mit verrückten Menschen, schon immer ist das so. Nun also sind noch mehr verrückte Menschen hier und leider, leider sind sie es auf andere Weise als die, die davor schon hier waren. Und die davor. Die davor. Und die davor. Jetzt sind diese eben da und das auf ihre Weise. Auf ihre ganz andere Weise. So ist er eben, der Lauf der Welt. Seht mal, als ich sechs Jahre alt war, da starb mein Vater, nein, nicht was ihr denkt, er war einfach krank und das war schlimm genug. Am Tag, als wir ihn zu Grabe trugen, pflanzte ich in unserem Garten einen Baum. Er wuchs dort sieben Jahre bis ich gerade alt genug war, das erste Herz hineinritzen zu wollen. Sogar mit den Initialen war ich mir sicher, stellt euch das mal vor! Obwohl – so ganz sicher war ich doch nicht, ihr müsst wissen, ich war wohl schon immer ein wenig – nun ja, wenig entschlussfreudig. Schon gut, schon gut, ich komme auf den Punkt: Ich wartete also, man sollte sich bei solchen Unterfangen schließlich sicher sein. Ich wartete eine Woche. Dann noch eine. Und noch eine. Dann änderten sich die vorgesehenen Initialen. Ich wartete eine weitere Woche und noch eine. Schließlich fühlte ich mich bereit dazu, ein weiteres Initialenändern schien mir unwahrscheinlich. Ich ging also in den Garten, mein Messer in der Hand, um meinen Baum zu bearbeiten – und er war nicht mehr da. Stellt euch vor, dort wo mein Baum gewesen war fand ich nichts weiter als einen stinkenden Krater, den eine Rakete dort hinterlassen hatte. Eine von den kleinen, ihr kennt sie so gut wie ich. Im Haus wohnten meine Mutter, meine Großmutter, mein Großvater, meine Tante und zwei meiner Cousinen. Sie alle hatte die Rakete verschont, ebenso wie natürlich auch mich. Zwei Straßen weiter dagegen hatte man weniger Glück gehabt, dort hatte ein Treffer den Dachstuhl weggerissen und die Trümmer hatten die Hälfte einer Familie unter sich begraben. Es kommt zu häufig vor, als dass man mit den Namen etwas anfangen könnte, aber es waren die Jarrahs, nur falls es euch etwas sagt. (*Demel und Ihsan nicken*) Und wisst ihr was? Das alles war mir völlig egal. Wirklich. Sicher, ich war sauer, sogar empört war ich und zwar durch und durch. Aber seht mal, man hatte mir mein Bäumchen genommen, das ich jahrelang gepflegt hatte und schlimmer noch, man hatte es mir dann genommen, als ich mich dazu bereit gefühlt hatte, es für ein Mädchen zu verletzen, das mir ganz genau die Richtige zu sein schien. Glaubt mir das, alles andere war mir völlig egal. An diesem Tag verfluchte ich alle Raketen dieser Welt und konnte mir nichts Schlimmeres auf der Welt vorstellen, als mein Bäumchen zu verlieren. Ich meine, versteht ihr, was ich euch sagen möchte?

IHSAN: Du willst keinen Anschlag verüben.

ADAM: Aber nein!

IHSAN: Hm. Nicht einmal einen ganz kleinen?

ADAM: Nein, um Himmels Willen.

IHSAN: Oh.

ADAM: Gut, Freunde. Dann lasst mich nun also gehen. Ich denke, das Wesentliche ist gesagt. Demel, bring mich nach Hause.

DEMEL: Soll ich –.

IHSAN: Ich weiß nicht. Ein Anschlag ist gut. Kein Anschlag ist nicht so gut. Aber kein Anschlag und Ärger in der Truppe ist ein Jammer. Nicht dass es noch der Moral schadet. Wir brauchen schließlich jeden Mann. (*Demel und Adam auf dem Weg*) Aber wartet: Eine Idee habe ich noch. Wir brauchen nicht nur Attentäter, sondern auch eine allgemeine Struktur. Vielleicht einen, der vernünftige Rekruten anbringt.

DEMEL: (*Empört*) Aber Ihsan!

IHSAN: Schon gut, schon gut. Also von mir aus, sehen wir mal: Wir haben einen Präsidenten, das ist wichtig. Einen Rekrutierungsbeauftragten, was ebenfalls unverzichtbar ist. Attentäter suchen wir wohl noch. Aber wo setzen wir sie ein? Hm. Das ist es, Adam! Wo setzen wir sie ein? Ich weiß was wir brauchen, ich weiß es! Weißt Du was wir brauchen, Adam?

ADAM: Eine Pause. Und Wasser.

IHSAN: Nein. Wir brauchen einen Spion!

ADAM: Einen Spion?

IHSAN: Genial, was? Das wirst Du sein, Adam. Du bist unser Spion. Du untersuchst die Einrichtungen der teuflischen Besatzer. Du folgst ihnen unauffällig, findest heraus was sie denken und was sie vorhaben.

ADAM: Aber ich fürchte dazu habe ich keine Zeit.

IHSAN: Sag mal Adam, derzeit arbeitest Du wohl nicht viel?

ADAM: Ich weiß nicht, wie ich das jetzt verstehen soll.

IHSAN: In Deinem Beruf meine ich.

ADAM: Meinem Beruf?

IHSAN: Deinem Beruf, Du weißt schon. Was Du früher gemacht hast.

ADAM: Zeitungsverkäufer?

IHSAN: Nein, davor.

ADAM: Taxifahrer?

IHSAN: Früher.

ADAM: Müllmann?

IHSAN: Noch eher.

ADAM: Den?

IHSAN: Genau.

ADAM: Nein.

IHSAN: Und die anderen?

ADAM: Auch nicht. Zeitungen gibt es nicht mehr, die

Taxis haben sie beschlagnahmt und der Müll bleibt liegen.

IHSAN: Dann sieht es wohl ein wenig eng aus, was?

ADAM: Ein wenig.

IHSAN: Demel, gib unserem Kameraden eine Handvoll Münzen.

ADAM: Aber wofür?

IHSAN: Für heute.

ADAM: Heute?

IHSAN: Morgen gibt es dasselbe. Und übermorgen und am Tag danach. Du bist jetzt unser Spion, Adam. Du trägst eine Menge Verantwortung und setzt Dich einer großen Gefahr aus. Wir sind stolz auf Dich. Also bezahlen wir Dich auch, immerhin müssen wir zusammenhalten.

ADAM: Und das Geld?

IHSAN: Ein Hoch auf die Paramilitärische Front.

DEMEL: Ein Hoch!

IHSAN: Adam.

ADAM: Ein Hoch!

IHSAN: Dann ab mit Dir, Kamerad. (*Adam und Demel gehen ab*) Ja, Freunde, so geht es aufwärts, so geht es voran. Sicher, die Freiheit hat einen Preis und sicher, es ist kein kleiner. Doch leben wir nicht nur im Hier und Heute, nein wir denken voran. Wir sterben für die Zukunft. Mag die Gewalt auch noch so groß sein, wir vergelten es nur umso entschlossener. Ja, wir haben den längeren Atem, bis Friede herrscht und Einigkeit. Die Militante Revolutionäre Partisanengruppe lebt. Friede sei mit euch.

5

Bei Adam zu Hause. Es ist spät.

SAHRA: Adam, um Himmels Willen, wo kommst Du so spät nur her?

ADAM: Frag nicht, meine geliebte Frau, frag besser nicht. Hier, trink Wasser, lass es Dir schmecken. (S*etzt sich*) Der Kleine?

SAHRA: Schläft.

ADAM: Das Monster?

SAHRA: Adam!

ADAM: Schon gut, schon gut. Tut mir leid.

SAHRA: Sie schläft auch.

ADAM: Gott sei gepriesen.

SAHRA: Adam! Küss mich lieber.

ADAM: Ja, das klingt schon viel besser. Komm her, meine geliebte Frau.

SAHRA: Adam?

ADAM: Ja.

SAHRA: Adam, wir bekommen das doch alles hin, oder?

ADAM: Aber ganz sicher, meine Sahra. Ganz sicher.

SAHRA: Danke Adam. Danke, dass Du da bist und immer weißt was zu tun ist.

ADAM: Ja. Immer. Es ist ein Segen, wir sollten dankbar sein.

SAHRA: (*Nach einer Weile*) Adam?

ADAM: (*Verschlafen*) Ja?

SAHRA: Der Kleine schreit.

ADAM: (*Steht auf*) Ein Segen. Es ist ein Segen.

III

1

Die Kaserne. Der Leutnant läuft vor einer Reihe auf und ab, darin Wednesday, Tuesday, Adam, Barrani und Chalid.

DER LEUTNANT: So. So. Gut. Männer, ich bin zufrieden mit euch. Die Truppe ist beisammen, es funktioniert. Wer hätte das gedacht? Ich meine, im Ernst: Wer hätte das gedacht? Eine tolle Idee. Kommunikation, Verständnis, Kooperation. Wunderbar. Ein großartiger Zusammenhalt. Wir stehen füreinander ein, wir gehören zusammen. (*Zu Adam*) Sagen Sie auch mal was, Rekrut –. Rekrut –.

WEDNESDAY: Adam.

DER LEUTNANT: Also bitte Soldat, für Sie heiße ich Leutnant.

WEDNESDAY: Der Rekrut.

DER LEUTNANT: Stören Sie sich nicht an ihm. Wirklich, ich kann das verstehen, schließlich sind sie alle halbe Wilde. Aber trotzdem: Kommunikation. Haben Sie Respekt. Besser sie schießen mit als auf uns. Zumindest in der Regel.

WEDNESDAY: Aber Entschuldigung, Leutnant.

DER LEUTNANT: Später, Soldat Wednesday.

WEDNESDAY: Aber er heißt so.

DER LEUTNANT: Wie?

WEDNESDAY: Adam.

DER LEUTNANT: Wer?

WEDNESDAY: Er. Der Rekrut.

ADAM: Verzeihung, ich will das anregende Gespräch nicht unterbrechen. Aber er hat Recht.

DER LEUTNANT: Ich weiß, ich weiß. Sicher, es dauert eine Weile, aber man gewöhnt sich. Kommunikation. Verständnis. Und so weiter.

ADAM: Nein, ich meine ihn.

DER LEUTNANT: Ihn?

ADAM: Den Soldat. Er hat Recht. Mein Name ist Adam.

DER LEUTNANT: Sicher, sicher, das war ja völlig klar, kein Zweifel. Adam also. Biblischer Name. Kommt mir irgendwie verdächtig vor. Aber gut: Wir haben keine Zeit um wählerisch zu sein. Tuesday, wieviel Uhr haben wir?

TUESDAY: Es ist halb elf, Leutnant.

DER LEUTNANT: Schon so nah an Mittag?

ADAM: Dann müssen wir anfangen!

DER LEUTNANT: Wie bitte?

ADAM: Also –. (*Langsamer*) Anfangen, ich meinte wir müssen anfangen.

DER LEUTNANT: Das ist doch wohl –. Das ist – also eigentlich ist das ganz beachtlich. Meine Herren, nehmt euch ein Beispiel an diesem wackeren Kerl. Das ist die Begeisterung, die wir brauchen.

ADAM: Dann können wir anfangen?

DER LEUTNANT: Aber natürlich, natürlich. Tuesday, was steht auf dem Programm?

TUESDAY: Das Programm, einen Augenblick. Hier, es sieht vor: Spionage.

DER LEUTNANT: Aha. So, so, das ist aber eine Überraschung. Nun denn, so geht es dann eben los.

TUESDAY: Moment.

DER LEUTNANT: Ja?

TUESDAY: Hier steht noch etwas.

DER LEUTNANT: Aha.

TUESDAY: Ich –. Es hat mit den Einheimischen zu tun. Also ich weiß nicht, soll ich das jetzt lesen?

DER LEUTNANT: Können Sie denn, Tuesday?

TUESDAY: Bitte?

DER LEUTNANT: Lesen. Ach, vergessen Sie es. Soldat Wednesday, befreien Sie mich von dem Elend.

WEDNESDAY: Also, hier steht: Da wir uns keinesfalls sicher sein können, dass die an nur geringe zivilisatorische Standards gewöhnten Besiegten sich unserer großzügigen Erkenntnis und Kooperationsoffensive als ernstzunehmend würdig erweisen und die Gefahr besteht, dass sie aufgrund ihrer ausweislichen Wild- und Verkommenheit, sowie der oftmals zu beobachtenden Unbelehrbarkeit, Sturheit und Illoyalität sich gegen die gute, die unsrige Sache wenden, empfiehlt es sich, sie nicht im Einzelnen, sondern vielmehr im Rahmen einer dank bedachter Ausbildung und exzellenter Aufklärung, sowie in dauerhafter, intensiver Annäherung gewährleisteten Loyalität und Integrität geformten Gruppierung unter Anleitung des jeweiligen Diensthabenden zur Auskundschaftung des niedergeworfenen Feindes auszusenden. (*Wirft einen Blick zu dem Leutnant*) Oh. Das hätte man vielleicht wirklich nicht vorlesen sollen.

DER LEUTNANT: Tjaja, so sind sie eben, die Bestimmungen. Nun also: Was machen wir jetzt? Hm. Tuesday?

TUESDAY: Was darin steht.

DER LEUTNANT: Aber genau, ganz genau! Was darin steht. Prima. Also, wir brauchen eine Truppe. Wie schön: Wir haben eine. Also los, ihr drei geht los.

WEDNESDAY: Aber Leutnant.

DER LEUTNANT: Wednesday. Also gut: Was denn?

WEDNESDAY: Ging es nicht auch noch um andere –.

DER LEUTNANT: Ja?

WEDNESDAY: Inhalte?

DER LEUTNANT: Ach so?

WEDNESDAY: Ich meine die Bestimmungen. Sie sprechen von Ausbildung und solchen Dingen.

DER LEUTNANT: Ja und?

WEDNESDAY: Sie soll gut sein. Oder so.

DER LEUTNANT: Ach so, ach so, ja, ja. Das ist wahr. Eine gute Ausbildung. Aber mal ehrlich, Wednesday. Soldat Wednesday. Hm. Ja, das ist es. Haben Sie schon einmal, nur ein einziges Mal einen dieser Einheimischen gesehen, der besser ausgebildet ist als diese dort?

WEDNESDAY: Nun. Nein.

DER LEUTNANT: Aha. Keinen einzigen?

WEDNESDAY: Nein. Aber –.

DER LEUTNANT: Dann können wir also sagen, dass es sich bei diesen drei Auserwählten um die am besten ausgebildeten Männer dieses ganzen Landes handelt?

WEDNESDAY: Aber –.

DER LEUTNANT: Nun, Soldat Wednesday?

WEDNESDAY: Ja. Eigentlich schon.

DER LEUTNANT: Eigentlich? Nein, ein „eigentlich" wollen wir ungern gelten lassen. Schließlich sind wir hier bei der Armee, nicht wahr, da sollte schon alles genau nach den Bestimmungen verlaufen. Also Herrschaften, ja, ja, ich rede mit euch, da wird nicht geschlafen. Auch nicht der Herr Adam.

ADAM: Wie? Was?

DER LEUTNANT: Fühlen Sie sich gut ausgebildet, Herr Adam?

ADAM: Fangen wir dann bald an?

DER LEUTNANT: Aber natürlich.

ADAM: Dann auf jeden Fall. Viel besser könnte ich es mir kaum wünschen. Glaube ich.

DER LEUTNANT: Barrani.

BARRANI: Aber selbstverständlich, es ist ganz wunderbar.

DER LEUTNANT: Chalid? (*Chalid bleibt stumm*)

BARRANI: Ach, er spricht nicht so viel. Ich sag es einfach noch mal, das gilt dann auch für ihn, in Ordnung? Es ist großartig!

DER LEUTNANT: Von mir aus, schon gut, schon gut. Zufrieden, Wednesday? Soldat Wednesday? Na also. Dann los ihr drei, bildet eine feste Gruppe, seid tapfer, vergesst nicht unsere ehernen Prinzipien, eure gute Ausbildung, unser gemeinsames Ziel: Diese Wilden disziplinieren, ihnen unsere hohen Standards, aber auch unsere Lebensqualität, unsere Prinzipien und unseren Willen nahezubringen. Sofern sich Kontakte zur Bevölkerung ergeben, vergesst nicht euch immer daran zu erinnern: Wenn sie uns folgen, werden sie eines Tages vielleicht frei sein. Und jetzt los.

2

Adam, Barrani und Chalid auf der Straße.

BARRANI: Also im Ernst, meine Freunde, also im Ernst, das waren ja mal wirklich ergreifende Worte, was? Ja sicher, sagt nichts, sagt nichts, wir sind uns einig, natürlich. Also wirklich, Wilde und so, das ist doch wirklich mal der Hammer, was? Was? He, Adam.

ADAM: Ja sicher. Der Hammer.

BARRANI: Ich wusste es, ich wusste dass Du es so siehst. Genauso wie Chalid, oder. Chalid? (*Chalid reagiert nicht*) Na also. War ja klar. Also gut, jetzt mal unter uns: Was machen wir jetzt? Suchen wir nach Bomben oder was? Ich meine, offen gestanden: Wir haben doch keine Ahnung oder nicht? Ich meine, was sollen wir nur tun wenn wir eine Bombe finden, habt ihr da schon mal drüber nachgedacht? Wäre gar nicht so lustig, was? Wirklich, das wäre ein ganz schöner Schlag für unseren Attentäteraufspürungstrupp, wenn wir so einen Attentäter aufspüren würden, versteht ihr was ich meine? Wie sollte ich das nur meiner Mutter erklären, den Jungs aus meiner Fußballmannschaft, also denen die davon übrig sind und so? (*Hält eine Frau an*) Verzeihen Sie, junge Frau, aber darf ich mal in ihren Korb sehen? Interessant, interessant, Datteln also, Kampfdatteln oder wie? Nein, nichts für ungut, kleiner Soldatenscherz, so unter Freunden. Aber die sind schon gut, die Datteln und so.

ADAM: Sag mal, Barrani.

BARRANI: Ja?

ADAM: Wir sind doch jetzt der Attentäteraufspürungstrupp, nicht wahr?

BARRANI: Ja, sicher.

ADAM: Die Spionageeinheit der Besatzer.

BARRANI: Klar.

ADAM: Also meinst Du, Barrani, es gibt hier jemanden, der das irgendwie noch nicht so recht mitbekommen hat? Wirklich, ich frage das nur aus einem reinen Entgegenkommen heraus, denn weißt Du, falls Du vorhaben solltest ein großes Schild zu malen und es über Deinem Kopf zu tragen, also Chalid und ich, wir könnten Dir sicher helfen.

BARRANI: Ich –. Aber. Oh. Natürlich. Tut mir leid.

ADAM: Entschuldige Dich nicht bei mir. Weißt Du, mir ist das egal, mal abgesehen davon, dass auf diese Weise vielleicht nicht gerade wir die Attentäter finden, sondern die eher uns, aber was soll's, nicht wahr, es ist nur gerecht es ihnen ein wenig einfacher zu machen, ihre Arbeit ist so schon schwer genug. Nein, Barrani, die Besatzer sind es, die wohl nicht eben begeistert von Deinen Annäherungsversuchen sein dürften.

BARRANI: (*Trotzig*) Die Besatzer, die Besatzer. Ich höre immer nur von den Besatzern!

ADAM: Also, das ist ein wenig, wie soll man sagen – kurzsichtig, Barrani.

BARRANI: Ja?

ADAM: Die Besatzer. Du arbeitest für sie.

BARRANI: Ja, ja, natürlich. Die Frage ist doch: Wie lange noch?

ADAM: Wie? Wie lange?

BARRANI: Oh. Ach, es ist nicht so wichtig.

ADAM: In Ordnung.

BARRANI: Im Ernst, es ist nicht so wichtig.

ADAM: Fein. Nicht wahr, Chalid? (*Dieser reagiert nicht*) Siehst Du: Fein.

BARRANI: Nein, wirklich, ich mag das lieber für mich behalten.

ADAM: Ehrlich: Wir verstehen das.

BARRANI: (*Nach einer Weile*) Also gut, also gut. Von mir aus: Ich erzähle es euch. Es ist nämlich so: Ich arbeite eigentlich gar nicht für die Besatzer.

ADAM: Ach nein?

BARRANI: Nein, natürlich nicht. Nicht so richtig. Das täuscht alles nur.

ADAM: Wirklich. Meinen Respekt, es täuscht wirklich gut.

BARRANI: Seht mal, es ist doch so: Diese Besatzung, das ist doch lächerlich.

ADAM: Aha.

BARRANI: Aber natürlich. Es ist anmaßend und dumm. Sie kommen in dieses Land, in unser Land, platzen einfach so herein, suchen in Allem und Jedem das Böse, töten, zerstören und nehmen gefangen was nicht rasch genug die Fähnchen im Fenster gewechselt hat und dann also kommen sie auf die Idee, dass man uns auch einmal danach fragen könnte, was wir eigentlich so von der ganzen Sache halten. Wieviel wir eigentlich damit zu tun haben, dass es ein paar Verrückte gibt in diesem Land, die sie vielleicht – vielleicht, ich sage es euch deutlich meine Freunde – finden, vielleicht auch nicht, die sie vielleicht auslöschen, vielleicht sogar erst recht bestärken, die sie für immer begraben oder gerade erst aufwecken – ganz unter uns und völlig im Ernst: Ihr glaubt doch nicht, dass das irgendeinen Unterschied macht. (*Adam und Chalid reagieren nicht*) Na? Eben! Es macht keinen! Also keinen Unterschied, versteht ihr! (*Kleine Pause*) Und deswegen muss man das alles bekämpfen. Die Besatzer. Die Besatzung. Das System.

ADAM: Das System.

BARRANI: Genau, Adam. Du hast es! Das System. So ist es nämlich.

ADAM: Und deswegen –. Deswegen arbeitest Du für sie?

BARRANI: Ja. Nein. Ja. Also hör mal, so einfach ist das alles nicht, verstehst Du?

ADAM: Nein.

BARRANI: Es ist nicht gerade leicht, so wie das momentan ist.

ADAM: Aha? Verstehst Du das, Chalid? (*Chalid zuckt mit den Schultern.*) Überrascht mich nicht, ehrlich gesagt. Da sind wir wohl einer Meinung.

BARRANI: Also so einfach ist das eben nicht. Man muss das mit Bedacht tun. Die Revolution wächst aus sich heraus, versteht ihr? Versteht ihr? Das ist wie ein, ein – wie ein Spionieren, ja genau! Was wir hier machen – nur umgekehrt eben, versteht ihr? Ich usurpiere das System, indem ich unseres usurpiere. Das ist ganz große Politik müsst ihr wissen, da muss man sich nicht grämen, wenn man nicht folgen kann. Das ist was ganz Großes, ja genau. (*Zu Chalid*) Also – sprichst Du eigentlich gar nicht oder was?

ADAM: Lass ihn doch, Barrani, es ist eben nicht jeder so mitteilsam. Es hat freilich auch nicht jeder einen so tiefen Ein- und Durchblick, das versteht sich ja von selbst. Aber abgesehen davon: Wirklich, Chalid, wie ein Wasserfall plauderst Du ja nicht eben vor Dich hin. Also nicht dass es mich stört, aber vielleicht könntest Du ja wirklich mal irgendetwas sagen.

CHALID: Wenn es schlecht läuft fliegt hier gleich alles in die Luft.

ADAM: Oh, ja, gut. Ich meine: Immerhin. Ein wenig dramatisch zwar, aber prima, schön dass Du überhaupt etwas gesagt hast. Chalid?

CHALID: Ja?

ADAM: Du hast das ernst gemeint oder? (*Chalid nickt*) Oh, der Himmel steh' uns bei. Was ist los?

CHALID: In diesem Korb hier – es ist etwas da drin. Sieht aus wie ein Transistorradio, aber es blinkt und ist ziemlich heiß.

BARRANI: Wie bitte, was? Was tuschelt ihr beiden da eigentlich die ganze Zeit?

ADAM: Ach, nichts weiter. Chalid hat eine Bombe gefunden.

BARRANI: Eine Bombe! Um Himmels Willen, das ist furchtbar! Was jetzt, oh weh, was jetzt, ist es jetzt vorbei, war es das? Das darf nicht sein, die Revolution, versteht ihr Freunde, das ist wichtig und so, ich meine, wir verstehen uns doch. Vielleicht sollte ich in die Kaserne, ja das ist gut und das melden und so.

ADAM: Barrani?

BARRANI: Was?

ADAM: Vielleicht solltest Du in die Kaserne gehen und das melden.

BARRANI: Aber mal im Ernst: Es ist doch ein Wahnsinn, wenn wir alle hier bleiben. Wirklich, wie sollen wir das denn entschärfen, das ist doch verrückt, ich meine –.

ADAM: Barrani!

BARRANI: Ja?

ADAM: (*Streng*) Geh in die Kaserne und melde das!

BARRANI: Oh. Ja?

ADAM: Ja.

BARRANI: Ja.

ADAM: Sofort.

BARRANI: Und schon bin ich weg. Verzagt nicht, Freunde. Auf mich könnt ihr euch immer verlassen. Wir stehen zusammen, wir sind ein Land. Ein Volk. Eine Revolution, versteht ihr. Ich bin gleich wieder da. (*Ab*)

ADAM: Dem Himmel sei Dank, er ist weg. (*Zu Chalid*) Sag mal, kann ich Dir irgendwie helfen? Sieht ungemütlich aus, was Du da tust.

CHALID: Ich mag es ungern fallen lassen, verstehst Du?

ADAM: Oh ja, ja. Ich verstehe. Eine gute Idee. Das mit

dem Nichtfallenlassen meine ich. Nur immer weiter so. (*Kleine Pause*) Tickt sie denn?

CHALID: Keine Ahnung. Magst Du hören?

ADAM: Ach weißt Du – es geht schon so, schon in Ordnung. Warten alleine reicht mir eigentlich vollkommen.

Der Leutnant kommt mit Tuesday und Wednesday herbeigeeilt.

DER LEUTNANT: Um Himmels Willen, Leute, was treibt ihr hier eigentlich?

ADAM: Wir haben eine Bombe gefunden. Oder besser: Chalid hat. Er hält sie gerade.

DER LEUTNANT: Ihr seid verrückt! Man sagt euch: Lebt zivilisiert, wählt demokratisch, zahlt eure Steuern und schlagt eure Frauen nicht und was tut ihr? Nichts! Dann sagt man: Geht raus und findet eine Bombe und eine halbe Stunde später ist die Kacke am Dampfen! Tuesday!

TUESDAY: Ja?

DER LEUTNANT: Entschärfen sie das Ding.

TUESDAY: Aber Herr Leutnant.

DER LEUTNANT: Tuesday!

TUESDAY: Ja?

DER LEUTNANT: Klappe halten. Aufhören zu denken. Entschärfen. (*Tuesday beugt sich an Chalid über den Korb, beginnt zu hantieren*) Und ihr Wahnsinnige: Ab nach Hause mit euch – also die, die laufen können. Für heute ist es genug mit diesem Kram. Tuesday?

TUESDAY: Entschärft, Leutnant.

DER LEUTNANT: Dann ab mit euch. Und Ruhe ist für heute. Dass mir ja keiner von euch Verrückten auf die Idee kommt, heute noch einmal eine davon zu basteln. Ach ja und ehe wir voneinander gehen: Das war mein Ernst!

3

Bei Adam zu Hause. Sahra geht ihm entgegen, nimmt ihn in den Arm.

SAHRA: Adam, mein armer Adam. Wie siehst Du denn schon wieder aus?

ADAM: Müde wahrscheinlich. Wir haben eine Bombe gefunden.

MARJAM: Wie er aussieht ist sie auch direkt neben ihm detoniert.

ADAM: Kann man sie nicht irgendwie einfach ausschalten? An eine Panzerkette binden oder so etwas?

SAHRA: Adam, jetzt hör aber auf mit diesen Sticheleien. Sag mal, hast Du daran gedacht dem Kleinen etwas Wasser mitzubringen? Ach Adam, mein Adam. Wo ist nur Dein Kopf? Na dann warte, ich komme mit Dir. Passt Du auf Fahran auf, Mutter? Danke, wir sind gleich wieder da.

MARJAM: Nimm Dich vor den Problemen in Acht, Kind.

SAHRA: Aber Mutter, Adam ist doch bei mir.

MARJAM: Eben darum sage ich es ja. (*Adam und Sahra ab; Marjam bleibt kopfschüttelnd zurück. Der Leutnant kommt kurz darauf heran, räuspert sich, klopft, tritt ein*)

DER LEUTNANT: Entschuldigung, gnädige Frau.

MARJAM: Was gibt es denn, wie oft habe ich ihnen schon gesagt, dass ich nichts davon weiß? Unabhängig davon: Er war es gar nicht. Es war purer Zufall, dass sie ihn dort gefunden haben. Ganz bestimmt hatte er damit nichts zu tun.

DER LEUTNANT: Verzeihen Sie, Gnädigste: Ich verstehe kein Wort von dem, was Sie mir sagen.

MARJAM: Tun sie nicht?

DER LEUTNANT: Aber nein.

MARJAM: Wirklich nicht?

DER LEUTNANT: Nein, keinesfalls.

MARJAM: Gut.

DER LEUTNANT: Ja.

MARJAM: Also?

DER LEUTNANT: Ach so, ja, genau. Also es ist so: Ihr Sohn, Adam.

MARJAM: Er ist nicht mein Sohn.

DER LEUTNANT: Nein?

MARJAM: Nein.

DER LEUTNANT: Also, ihr Schwiegersohn.

MARJAM: Karikatur von einem Schwiegersohn.

DER LEUTNANT: Na jedenfalls, Adam hat heute gemeinsam mit seinen Kollegen eine Bombe entschärft. Da das nun nicht jeden Tag vorkommt und ein gutes Zeichen für Kooperation, Integration, Werte und Verständnis und so weiter ist, befindet die militärische Führung, dass wir das noch einmal ganz besonders loben sollten.

MARJAM: Welche militärische Führung?

DER LEUTNANT: Nun also – die meine.

MARJAM: Die Besatzer?

DER LEUTNANT: Die Befreier.

MARJAM: Aber Sie meinten doch, die Ihre –.

DER LEUTNANT: Ich bitte Sie, können wir das nicht vielleicht lassen.

MARJAM: Fein. (*Pause*) Also?

DER LEUTNANT: Ich –.

MARJAM: Ja?

DER LEUTNANT: Also ich wollte nur lobend erwähnen –.

MARJAM: Haben Sie getan.

DER LEUTNANT: Was?

MARJAM: Lobend erwähnt.

DER LEUTNANT: Ja. Genau. Also – Sie sind aber auch vielleicht ein wenig schwierig.

MARJAM: Ich?

DER LEUTNANT: Ja.

MARJAM: Oh verzeihen Sie. Verzeihen Sie vielmals. Habe ich etwa meine Etikette gegenüber den Besatzern vergessen? Das ist sicherlich unverzeihlich.

DER LEUTNANT: Nun seien Sie nicht so zynisch.

MARJAM: Zynisch? Ich? In diesem Land, in dem alles drunter und drüber geht? Ich bitte Sie, wer hier nicht zynisch ist, der ist ein Realist. Und das sind die Schlimmsten von allen.

DER LEUTNANT: Wirklich sehr charmant, Gnädigste.

MARJAM: Danke vielmals.

DER LEUTNANT: Dann verbleibe ich an dieser Stelle.

MARJAM: Ich kann das Wiedersehen kaum erwarten. (*Der Leutnant ab; Adam und Sahra kommen zurück*)

SAHRA: Wer war denn das gerade?

MARJAM: Ach, vom Militär.

SAHRA: Und was hat er gewollt?

ADAM: War es etwa wegen mir?

MARJAM: Wegen Dir? Ach, Adam, ich sagte doch er war vom Militär, kein Nervenarzt. Und jetzt entschuldigt mich: Eine alte Frau hat zu tun, was eine alte Frau eben so tut. (*Ab; Vorhang*)

4

Demel und Ihsan in deren Versteck.

IHSAN: Nein, nein, nein, es bleibt bei der MRP.

DEMEL: Aber wirklich, wir haben das nicht abgestimmt.

IHSAN: Zum letzten Mal sage ich es Dir: Das „M" bleibt. Wir sind militant.

DEMEL: Aber Ihsan.

Adam erscheint am Rand

IHSAN: Kein Wort mehr. Militant! Jawohl!

DEMEL: Dann stelle ich einen Antrag. So!

IHSAN: Ich –. (*Sieht Adam*) Adam, mein Freund!

DEMEL: Adam!

ADAM: Hallo zusammen. Wie geht es euch?

IHSAN: Die Frage ist wohl eher: Wie geht es Dir, Adam?

ADAM: Wie soll es mir gehen? Gut?

IHSAN: So, so. Bist Du sicher, dass es Dir gut geht, Adam?

ADAM: Ich –.

DEMEL: Ganz sicher?

ADAM: Also ehrlich gesagt, ich habe so ein Zwicken in der Schulter, wirklich, das stört doch ganz erheblich, meine Schwiegermutter ist ein Monster und geschlafen habe ich das letzte Mal wahrscheinlich vor diesem seltsamen Krieg und –. Was?

IHSAN: Wie, was?

ADAM: Was schaut ihr so?

IHSAN: Wie schauen wir denn?

ADAM: Das wisst ihr ganz genau. Im Ernst, was soll das denn?

IHSAN: Vielleicht sind wir durcheinander.

DEMEL: Vielleicht sind wir durch irgendetwas berührt.

IHSAN: Vielleicht müssen wir irgendetwas verarbeiten.

ADAM: Vielleicht wollt ihr mir auch einfach mal sagen, was sich in euren Köpfen so abspielt.

IHSAN: Sollen wir, Demel?

DEMEL: Ja, aber natürlich.

IHSAN: Also gut: Soldat Adam, die MRP –.

DEMEL: Ich weiß nicht, ob wir darüber nicht noch einmal –.

IHSAN: (*Wird laut*) Die MRP! (*Fasst sich*) Also, die MRP hat Dir etwas mitzuteilen. Etwas, das mit Deinem heutigen Verhalten zu tun hat.

ADAM: (*Hektisch*) Also ehrlich, ich hatte gehofft, wir könnten das irgendwie anders klären. Wirklich, da kann es sich nur um einen Irrtum handeln, Freunde.

IHSAN: Wir wissen, was wir gesehen haben, Adam. Keine falsche Bescheidenheit.

ADAM: Aber wirklich, es war (*Sieht schnell auf seine Uhr*) – oh lieber Himmel, ist es schon wieder spät, dass ich aber auch so trödeln konnte. Wisst ihr, der Kleine und so.

IHSAN: Adam! Halt die Klappe und hör Dir das jetzt an. Die MRP teilt Dir hiermit offiziell, entschieden und bestimmt mit, dass wir –.

ADAM: Hört mal, Leute.

IHSAN: Stolz sind auf Dich.

ADAM: Wirklich ich – warte. Stolz?

DEMEL: So stolz die MRP nur sein kann.

IHSAN: Also ziemlich.

ADAM: Das ist – gut. Oder?

IHSAN: Lieber Adam, unsere Partner- und Konkurrenzorganisationen – der Himmel verfluche sie.

DEMEL: Der Himmel verfluche sie.

IHSAN: All diese Organisationen hatten bislang zahlreiche Mitarbeiter, Ehrenamtliche und Freiwillige in ihren Reihen. Aber niemand – abgesehen von jenen, die nur einen Tag geblieben sind und sich dann für die gute Sache hingegeben haben, darum also nicht eingehender begutachtet werden konnten, hat so etwas bisher zustande gebracht.

ADAM: (*Immer noch unsicher*) Wirklich, das war gar keine große Sache.

IHSAN: Also ehrlich Adam. Schluss jetzt. Keine falsche Bescheidenheit mehr.

ADAM: Nein?

IHSAN: Nein. Demel, bist Du so weit?

DEMEL: Aber sicher.

IHSAN: Dann mal los. Adam –.

ADAM: Ja?

IHSAN: Wir, die MRP sind wirklich stolz auf Dich.

DEMEL: Wirklich.

IHSAN: Zunächst einmal gibt es dafür eine Prämie. Versprochen ist versprochen. Demel, das Geld.

ADAM: Also ganz im Ernst, das ist doch nicht nötig.

IHSAN: Gut. Nimm es wieder an Dich, Demel. (*Demel verharrt in der Bewegung.*)

ADAM: Oh, nein, nein, vielleicht ist es ja doch ein ganz klein wenig nötig. Wisst ihr Leute, das ist nun einmal so eine Redensart.

DEMEL: (*Zu Ihsan*) Zurück?

IHSAN: Die Hälfte. Und jetzt sag mal, Adam: Wie hast Du das geschafft?

ADAM: Was denn?

IHSAN: Ich sagte doch schon: Keine falsche Bescheidenheit. Wir sind hier unter uns. Also?

ADAM: Was?

IHSAN: Wie?

ADAM: Also – was denn?

IHSAN: Treib mich nicht in den Wahnsinn, Adam. Wie hast Du das mit den Besatzern gemacht? Schieß los?

ADAM: Mit den Besatzer, den Besatzern. Den Besatzern von hier?

IHSAN: Adam! Mal im Ernst, Dir hat doch nicht irgendein Esel gegen den Kopf getreten? Wir haben Dich heute mit den Besatzern gesehen. Alle Achtung Adam, alle Achtung! Wie hast Du es nur geschafft, Dich in diese Gruppe hineinzubringen? Wirklich, meinen Respekt. Hat dort wirklich niemand Verdacht geschöpft?

ADAM: Also – nein.

IHSAN: Phantastisch, Adam. Phantastisch. Du kannst Dir gar nicht vorstellen, welche Perspektiven sich daraus für uns ergeben. Ich sage Dir, Adam: Die Zukunft steht uns damit offen. Du bist in der Lage dieses Land zu verändern, mein Freund. Du bist in der Lage

Großes zu schaffen. Spioniere die Besatzer aus, finde heraus was sie planen, wo sie es planen und vor allem auch wann – dann schlagen wir zu und befreien endlich unseren Staat. Adam, wir sind stolz auf Dich.

DEMEL: Wirklich Adam. Große Klasse.

ADAM: Also wisst ihr, ich weiß gar nicht was ich sagen soll.

IHSAN: Das können wir verstehen, Adam. Wirklich, das können wir verstehen. (*Kleine Pause*) Gut.

ADAM: Gut.

IHSAN: Also Adam, kommen wir zu ernsthaften Dingen. Es ist ja schön und gut, dass Du in der Lage bist, die Besatzer hinters Licht zu führen. Uns allen ist aber klar, dass das nur ein erster Schritt sein kann. Ein guter erster Schritt zwar, aber eben doch nur ein Anfang. Gerade weil uns das klar ist, müssen wir uns natürlich auch nach neuen Zielen orientieren. Nun sind wir uns natürlich dessen voll bewusst, dass Du als unser Spion in Deiner aufreibenden und anstrengenden Tätigkeit ganz unwahrscheinlich ein- und angespannt bist. Nein, nein, sorg Dich nicht Adam, das ist halb so schlimm. Schließlich müssen wir ja auch noch für irgendetwas gut sein, namentlich das Präsidium der MRP, also ich. Beschlossen wurde also, dass ein Anschlag ausgeführt werden soll – und zwar einer, der die Besatzer wirklich ins Mark trifft. Die Menschen wissen ganz genau was sie wollen, Adam. Sie müssen nur daran erinnert werden, sie müssen

aufgerüttelt werden, bewegt werden, wir müssen ihnen ein Symbol geben, eine Hoffnung, eine Stimme.
Was wir planen ist ein Anschlag von einem Ausmaß,
wie ihn zumindest unser kleiner Ort hier noch nie
gesehen hat. Nein, sag nichts, Adam. Sorg Dich nicht,
die Personalplanung in diesem Bereich berührt Dich
wirklich ganz und gar nicht. Schließlich gibt es für
solche Aufgaben eigens unseren Rekrutierungsbeauftragten – und selbst den werden wir in diesem Fall
nicht in Anspruch nehmen müssen. Was wir planen ist
perfide und effektiv: Wir sprengen ein Auto.

ADAM: Ein Auto?

IHSAN: Sag im Ernst, Adam, wirst Du nicht irgendwann müde damit einfach immer das letzte Wort zu
wiederholen, das ich gesagt habe? Ja, ein Auto. Es
wird folgendermaßen ablaufen: Morgen ist Markt auf
dem großen Platz am Brunnen. Die Schausteller,
Krämer und Verkäufer aus dem Landesinneren und
der Bergregion werden sich wie in jeder Woche dort
versammeln, um ihre Waren feilzubieten. Da sie dort
natürlich auch ein gewisses Verschwörungspotential
wittern, werden auch die Besatzer zahlreich zugegen
sein. Wenn sie dann also um die Mittagszeit zur Patrouille anrücken und alles genau in Augenschein
nehmen wollen – dann wird die Bombe explodieren.

ADAM: In einem Auto?

IHSAN: Ein alter Wagen, den wir dort am Rand des
Marktes schon am Morgen abstellen werden. Eine
verantwortungsvolle und ganz besondere Aufgabe, für

die sich der tapfere Demel bereits mutig qualifiziert hat. Das Auto wird voll mit Sprengstoff sein, der uns sozusagen von den anderen Organisationen überlassen wurde. Es wäre schade, wenn er schlecht werden würde – und erst recht auch wenn er bei seiner Lagerung von selbst zu Schaden käme.

ADAM: Wieso, wo wird er denn gelagert?

IHSAN: Hier.

ADAM: Oh.

IHSAN: Also Adam, so wird es gemacht: Deine Aufgabe wird es sein, die Besatzer pünktlich um zwölf Uhr Mittags in der Nähe des Brunnens zu platzieren. Wir werden versuchen den Wagen möglichst dort in der Nähe unterzubringen. Sobald sich der Markt gefüllt hat, wird sich bei dem ganz normalen Durcheinander dort ohnehin niemand mehr um ihn kümmern. Um zwölf Uhr dann werde ich die Bombe mittels eines Fernzünders losgehen lassen. Sieh zu, dass dabei möglichst viele Besatzer zu Schaden kommen.

ADAM: Du meinst: Sterben.

IHSAN: Sieh einfach zu, dass es funktioniert.

DEMEL: Wir zählen auf Dich, Adam.

IHSAN: Genau aus diesem Grund sind wir auch immer in der Nähe. Um Dir zur Seite zu stehen in der Not.

ADAM: Um mich zu kontrollieren.

IHSAN: Ach Adam, weißt Du, auch der tapferste Held, der den Tod für die gute Sache gewählt hat, sah sich kurz vor dem großen Auftritt schon mit einem gewissen Lampenfieber konfrontiert.

DEMEL: Es ist die Premierenaufregung, weißt Du.

ADAM: Ich weiß gar nicht, wie ich meiner Dankbarkeit Ausdruck verleihen soll.

IHSAN: Dann lass es. Wir sehen uns morgen.

ADAM: Aber –.

IHSAN: Wir sehen uns morgen, Adam.

DEMEL: Wir sehen uns morgen, Adam.

ADAM: Nur eins noch!

IHSAN: Was denn?

ADAM: Die Bombe –.

IHSAN: Ja?

ADAM: Sie wird hochgehen –.

IHSAN: Das ist der Sinn einer Bombe, weißt Du.

ADAM: Auf dem Markt. Auf dem Markt, auf dem die Besatzer sind.

IHSAN: Herzlichen Glückwunsch, Adam. Wenn Du diese Gedankenschnelligkeit beibehältst, schaffst Du es vielleicht eines Tages auch in das Präsidium.

ADAM: Auf dem Markt sind die Besatzer. Aber auch die anderen Leute. Unsere Leute.

IHSAN: Ja.

ADAM: Wie, „Ja"? Ist euch nicht klar, was das bedeutet?

IHSAN: (*Langsam*) Sieh mal, Adam: Dieses Land befindet sich in einer schwierigen Phase. Wir stehen vor einem Umbruch. Einem großen Umbruch. Die Dinge werden sich ändern, mein Freund, und das wird von Grund auf der Fall sein. Was wir brauchen ist ein Zeichen, etwas das alle aufrüttelt, das die Welt aufweckt und auf uns sehen lässt. Sicher, sprengen wir einen Panzer der Besatzer in die Luft, so kommen wir damit in die Nachrichten. Gewiss, es wird diskutiert, besprochen und darüber geflucht. Aber ändert sich daran etwas? Ich sage es Dir: Nein, es ändert sich nichts. Und es wird sich auch nichts ändern, mehr noch: Die Leute sind daran gewöhnt. Sie sitzen in ihren fernen Staaten zu Hause, lehnen sich nach einem guten Abendessen in ihren Sesseln zurück und sehen vor sich die Schlagzeilen ihrer Zeitung oder ihres Fernsehprogramms, die Wirtschaft, das Wetter, den Sport und die Anschläge aus dieser verfluchten Karikatur von einem Land, in der wir in dieser Zeit leben. Man gewöhnt sich, Adam. Man gewöhnt sich an die Anschläge, an die Toten, an die Proteste, man gewöhnt sich an uns. Aber sag ehrlich: Können wir so den Krieg gewinnen? Fragst Du mich das, so ist meine Antwort Nein. Können wir ihn gewinnen, wenn wir offen kämpfen? Noch viel weniger. Was also hilft uns, wenn nicht ein Anschlag der so aggressiv ist, so dramatisch, dass die ganze Welt aufhört uns nur wahrzunehmen, sondern uns auch wirklich wieder sieht? Dass sie aufhorcht und zuhört? Wir müssen ein Zeichen setzen, Adam. Wir setzen das Zeichen, dass wir es ernst meinen. Dass unsere Prinzipien über allem stehen, über unseren eigenen Leuten, unserem eigenen Volk, über uns selbst. Die Besatzer, die Welt, alle werden erkennen, dass es uns ernst ist, dass wir weitermachen werden, weiter und weiter und weiter. Es wird kein Ende geben, mehr noch, es wird immer größer werden. Sag mir, Adam: Gegen wen wird sich der Hass der Leute richten? Gegen uns, die wir auf die Missstände hinweisen oder gegen die Besatzer, die der Missstand sind? Wir werden neuen Zulauf bekommen, Adam, wir werden wachsen und gedeihen und dieses Land befreien aus seinen Fesseln und seiner Angst. So wird es geschehen, Adam. So wird es geschehen. Sei stolz darauf, dass Du Deinen Teil beitragen wirst. Wohl der MRP!

DEMEL: Wohl der MRP!

ADAM: (*Zögernd*) Wohl der MRP!

IHSAN: Bis Morgen, Adam. Pass auf Dich auf.

5

Adam allein auf dem Platz mit dem Brunnen. Zunächst summt er vor sich hin.

ADAM: Es gibt ein fernes Land, mein Kind
Weit hinter diesen Höhen
Wo die Träume wirklich sind
Einst wirst Du das verstehen.

Es gibt ein fernes Land, mein Kind
Nach dem die Wünsche streben
In einem andren Land, mein Kind
Werden wir einmal leben.

In einem anderen Land, mein Kind
Halt Deinen Zweifeln stand
Bis wir einst freie Menschen sind
In einem anderen Land.

Wo die Träume wirklich sind. Wirklich sind. Ganz im Ernst, ich wünschte ich wüsste, dass ich träume. Oder gar nicht mehr träumen – auch nicht schlecht. Doch ja, im Ernst, ich wünschte es mir so sehr. Aber was soll ich tun, dieser Brunnen ist echt, den meine Hand streift. Dieses Wasser ist echt, das meine Lippen schmecken, diese Luft ist echt, die durch meine Lungen strömt, dieser verrückte Traum ist echt, in dem ich singend an der Stelle stehe, die bestimmt ist, ein Denkmal der Traurigkeit zu werden. Ein Denkmal der Traurigkeit – das ist wirklich verrückt. Dieses ganze Land hier, dieser gesamte Ort, mein Haus, mein Leben, ich – alles ist ein Denkmal der Traurigkeit. Alles ist – alles ist einfach ein klein bisschen viel. (*Setzt sich auf den Brunnen*) Wirklich, ich kann das nicht tun, das geht doch nicht. Ich bin hier aufgewachsen, oder etwa nicht? Hier habe ich gespielt, eingekauft, gelernt, auf diesem Platz habe ich Sahra kennengelernt, hier kam ich vorbei um zu arbeiten – der Himmel weiß wie lange das nun her ist. Und die anderen erst, die vielen anderen: Es ist unser Platz, unser Brunnen. Sicher, das fließende Wasser, die Hähne und die Wannen, all das hat durchaus seinen Reiz, ebenso der elektrische Strom, die Waschmaschinen sind sozusagen als Kreuzung von beider Nutzen fast schon die Krone der neuzeitlichen Schöpfung. Aber trotzdem, wie viele Jahre haben wir am Stück erlebt, die wir nicht irgendwann einmal genau hierher kommen mussten, die wir nicht gezwungen waren uns das Wasser aus der ewig gleichen Tiefe zu Tage zu befördern, die wir uns nicht hier trafen, die Stimme voll Trauer, die Augen voll Trotz, die wir Eimer füllten und leerten während wir darauf warteten, dass all das vorübergehen möge. Es gibt kein Kind in diesem Ort, das nicht schon einmal zu diesem Brunnen gegangen wäre, um daraus Wasser zu schöpfen und der Himmel weiß, ob es jemals ein solches Kind geben wird. Und hier also soll sie explodieren, diese Bombe – wirklich, es ist kaum zu fassen. Was denken sie sich nur? Was denke ich mir nur? Hier stehe ich auf diesem Platz, auf meinem Platz, denke nach, denke hin und her und weiß nicht ein, noch aus. Sprenge ich sie, oder sprenge ich sie nicht? Ich weiß es nicht. Was ist wenn ich sie nicht sprenge? Dann fehlt mir das Geld und ich habe ein Problem mit Menschen, die ich eigentlich gar nicht kennen will. Sprenge ich sie, geht es mir ganz genauso. Das Leben kann anstrengend sein, gerade dann wenn es daran geht, Entscheidungen zu treffen. Mir schwirrt der Kopf und alles was ich weiß ist, dass ich müde bin. Reichlich müde. Aber nein, nein, nein! Es muss eine Entscheidung her, ich muss es einfach wissen. Sprengen oder nicht? Sprenge ich nicht bewahre ich Leben – aber was für welches? Und was ist mit mir? Am Ende darf man das doch auch nicht vergessen, oder? Was ist mit Sahra, meiner Frau, was mit Fahran, dem kleinen Schreihals? Meiner Mutter? Meiner Schwiegermutter? Nun, sie könnte ich in die Luft jagen. Wirklich, es ist schade, dass den Menschen so selten mit dem Nützlichen gedient ist. Also sprenge ich nicht. Und dann? Laufe ich weg? Wohin? Und was wird mit den anderen? Vor allem aber: Sprenge ich sie nicht, so sprengt sie eben ein anderer. Irgendwann. Vielleicht morgen, vielleicht am Tag danach. Vielleicht wenn ich gerade auf dem Markt bin. Also Verrat? Aber wie wird man mich dann ansehen, wie werden die Leute mit mir reden, wie mit mir umgehen? Zudem: Dieses Land ist verrückt. Sicher, sie mögen sie vielleicht gerade nicht mögen – doch verrate ich sie, so finden sich sofort ein paar, die mich dafür hängen sehen wollen. Auch nicht gut. Alles ist irgendwie ganz erstaunlich gar nicht gut. Seltsam, manchmal denkt man, dass sich in ausweglosen Situationen eine gewisse kleine Heiterkeit einstellt, da sowieso nichts bleibt, als sich in das Unvermeidliche zu fügen. Nicht einmal das scheint mir vergönnt zu sein: Ich fühle mich einfach leer. Und müde. Wie schön wäre es zu schlafen. Wie schön wäre es zu träumen.

(*Singt*) In einem fernen Land, mein Kind
Wird der Strom von Blumen gesäumt
Von einem fernen Land, mein Kind
Hab ich heut Nacht geträumt.

Von der Seite kommen Tuesday und Wednesday heran.

TUESDAY: Bürger Adam!

ADAM: Um Himmels Willen, habt ihr mich erschreckt.

TUESDAY: Bürger Adam, wir haben Befehl Sie in die Kaserne zu bringen.

ADAM: Aber ich –.

WEDNESDAY: Es gibt hier kein „Aber", Bürger Adam. Rühren Sie sich und begleiten Sie uns. Sofort.

ADAM: Aber –.

TUESDAY: Sofort. Und ab.

Adam, Tuesday und Wednesday ab

6

In der Kaserne. Der Leutnant, Adam, Tuesday und Wednesday.

TUESDAY: Herr Leutnant, ich melde hiermit gehorsamst, dass wir den Bürger und Rekruten Adam in unserem Gewahrsam haben.

DER LEUTNANT: Rekrut Adam!

ADAM: (*Unsicher*) Herr Leutnant, ich –.

DER LEUTNANT: Adam, Adam. Adam. Was soll ich sagen? Was also soll ich sagen? Rekrut Adam!

ADAM: Ja.

DER LEUTNANT: Rekrut Adam!

ADAM: Ja, Sir!

DER LEUTNANT: Rekrut Adam –. Wir sind stolz auf Sie.

ADAM: (*Ungläubig*) Also so langsam sollte ich mich eigentlich daran gewöhnen.

DER LEUTNANT: Was sagen Sie, Rekrut Adam?

ADAM: Nichts.

DER LEUTNANT: Adam!

ADAM: Nichts, Sir!

DER LEUTNANT: Gut. Gut, ich will Ihnen erklären warum wir stolz sind – auch wenn Sie das freilich alles schon genauer wissen. Kommunikation, mein Freund, ist das Credo. Verständnis und Austausch, Austausch und Verständnis. Wir arbeiten Hand in Hand miteinander für ein gemeinsames Ziel. Das ist gut, das ist weise, das ist vorbildlich. Also, Rekrut Adam: Respekt, Respekt, das haben Sie sauber hinbekommen. Alle Achtung.

ADAM: Gern geschehen, Herr Leutnant.

DER LEUTNANT: Das glaube ich, Rekrut Adam. Bei Ihnen hatte ich schon von Anfang an einfach ein gutes Gefühl. Das richtige Gefühl, Adam. So etwas ist wichtig, verstehen Sie, Offenheit, Sicherheit, Verständnis, ein gutes Gefühl. So wie bei Ihnen.

ADAM: Das ist gut.

DER LEUTNANT: Das ist gut, ja! Rühren Sie sich, Rekrut Adam. Soldaten, bringt diesem Mann einen Stuhl. (*Tuesday bringt einen Stuhl, auf dem Adam sich niederlässt. Danach schickt der Leutnant Tuesday und Wednesday mit einer Handbewegung aus dem Raum.*) Also, jetzt da wir unter uns sind – wie haben Sie das gemacht?

ADAM: Was gemacht?

DER LEUTNANT: Sie wissen schon – diese Sache.

ADAM: Ach so, diese Sache.

DER LEUTNANT: Ja! Wie haben Sie es angestellt?

ADAM: (*Nach wie vor unsicher*) Also eigentlich war es – ganz leicht?

DER LEUTNANT: Sie sind wirklich ein Teufelskerl, Freund Adam. Hervorragend! Ganz leicht, hat man so etwas schon einmal gehört! Aber nun mal ehrlich – wie haben Sie das Vertrauen dieser Leute gewonnen? Und dann auch noch so schnell?

ADAM: Dieser Leute?

DER LEUTNANT: Sie haben einen Mann getroffen, der gemeinhin als Ihsan bekannt ist.

ADAM: (*Erschrickt*) Ihsan?

DER LEUTNANT: Ihsan.

ADAM: Woher wissen Sie –?

DER LEUTNANT: Ich bitte Sie, Adam. Sehen Sie sich um, hören Sie mir zu, betrachten Sie sich selbst. Sie sind ein Teil der am besten entwickelten, ausgebildeten und hochtechnisierten Armee der Welt. Warum sonst glauben Sie, haben wir Sie ausgewählt, als nicht darum, da Sie der Beste sind?

ADAM: Es gab nicht so viele andere?

DER LEUTNANT: Adam, Adam, Sie müssen noch viel lernen. Unter anderem, was eine solche hochtechnisierte und mit allen Feinheiten vertraute Armee zu leisten in der Lage ist.

ADAM: Sie sind mir nachgelaufen?

DER LEUTNANT: Können wir nicht über etwas anderes sprechen? Zum Beispiel darüber, wie Sie es geschafft haben, sich in einen solchen Kreis einzubringen. Seit wir Ihsan beobachten sind Sie nicht mit ihm in Kontakt getreten. Dann treten Sie uns bei, werden offiziell unser inoffizieller Spion – und schon sind Sie direkt an Ort und Stelle. Wie gesagt: Respekt, Adam. Respekt. Also: Wie?

ADAM: (*Nervös*) Sehen Sie, es war wirklich ganz einfach. Ich lebe bereits sehr lange in diesem Land, schon mein ganzes Leben. Es gibt kaum einen Stein, kaum ein Haus, kaum einen Menschen, den ich nicht kenne, mit dem ich nicht vertraut bin, den ich nicht einschätzen kann. In diesem Ort, in diesem Land bin ich wie ein Fisch im Wasser. Wenn es nur irgendwo etwas gibt, das sich bewegt, so bin ich voll und ganz auf dem Laufenden. Ich bin dieser Ort. Ich bin dieses Land. Ich habe den Durchblick.

DER LEUTNANT: Also: Wie?

ADAM: Ich bin einfach hingegangen.

DER LEUTNANT: Phantastisch, Adam. Großartig. Immer weiter so. (*Wird ernst*) Gut, genug des Lobes: Was haben sie vor?

ADAM: Wie bitte?

DER LEUTNANT: Was haben sie vor, Adam?

ADAM: Also zunächst einmal muss ich dem Kleinen etwas Wasser holen. Dann ist es ziemlich wichtig, sich einmal um meine Mutter zu kümmern, wirklich. Und na ja – schlafen wäre sicherlich auch mal nicht schlecht.

DER LEUTNANT: (*Streng*) Halten Sie mich nicht hin, Adam.

ADAM: Nein?

DER LEUTNANT: Nein. Was haben sie vor?

ADAM: Sie meinen – Ihsan?

DER LEUTNANT: Ihn und alle die zu ihm gehören.

ADAM: All die Heerscharen also.

DER LEUTNANT: So viele. So ist es schlimmer als ich dachte. Also – was haben sie vor?

ADAM: Ich –.

DER LEUTNANT: Ja?

ADAM: Ich –.

DER LEUTNANT: Ja?

ADAM: Ich weiß es nicht.

DER LEUTNANT: Rekrut Adam!

ADAM: Noch nicht.

DER LEUTNANT: (*Langsam*) Rekrut Adam. Rekrut Adam. Lassen Sie uns etwas sicherstellen, das ganz gewiss ohnehin über jeden Zweifel erhaben ist: Das ist hier kein Spiel, Adam. Ganz und gar kein Spiel. Wir sind im Krieg, mein Freund. Im Krieg. Menschen sind gestorben. Die Leute aus diesem Land, aus diesem Ort. Meine Leute. Menschen werden sterben. Das ist hier kein Spielplatz der Verzagtheit, mein Freund. Vor allem aber ist es kein Ort, um Spielchen zu spielen, deren Regeln man nicht kennt. Wir bezahlen Sie, Adam. Wir beschützen Sie. Wir wissen wer Sie sind, wo Sie wohnen, was Sie tun. Aber wir vertrauen Ihnen auch, Adam. Kommunikation, Verständnis und so weiter. Lassen Sie uns ernsthaft reden, Rekrut: Wir vertrauen Ihnen. Damit aber vertrauen wir Ihnen auch unser Leben an. Das und das der Leute, deren Leben wir beschützen. Das ihrer Familie. Das ihrer Landsleute. Das Ihre. Wenn Sie mir also sagen, dass Sie noch nicht wissen, was dieser verdächtige Herr Ihsan vorhat, so gehe ich davon aus, dass Sie das tatsächlich nicht wissen. Ich vertraue Ihnen – wie ich davon ausgehe, dass Sie mir vertrauen. Sie haben eine Bombe entschärft, Adam, nein, nein, wiegeln Sie es nicht ab,

Sie hatten Ihren Anteil daran. Aber ich sage es noch einmal: Das hier ist ein Krieg, Adam. Wissen Sie, wer einen Krieg gewinnt? Nicht immer der, der die besseren Waffen hat, oh nein, das wäre zu einfach. Nicht einmal immer der, der es mehr und entschlossener will. Den Krieg, Adam, gewinnt der, der weiß, wo die Fronten verlaufen. Vergessen Sie das nicht, Adam. Vergessen Sie nicht, wo die Fronten verlaufen. Vergessen Sie nicht, auf welcher Seite Sie stehen. Gut. Darüber haben wir also gesprochen. Abgesehen von allem anderen, wie gesagt: Wir sind stolz auf Sie.

ADAM: (*Langsam*) Danke.

DER LEUTNANT: Schön Sie erfreut zu sehen, Adam. Für all diesen Einsatz gibt es natürlich auch eine kleine Prämie. Keine Frage, dass meine Armee sich da erkenntlich zeigt. Und unter uns: Kaufen Sie Ihrer ganz beachtlichen Mutter einen Strauß davon.

ADAM: Meiner Mutter? Aber sie ist knapp um die achtzig!

DER LEUTNANT: Donnerwetter, was für eine Frau. Was für ein Irrtum! Achtzig. Und dann noch eine solche Figur. Welch Wunder. Welch Verhängnis. Achtzig. Dreißig Jahre weniger hätte ich ihr gegeben. Was für ein Irrtum, mein Freund! Aber das bei diesen Umhängen, wirklich, es ist eine Schande, was ihr damit treibt.

ADAM: Meine Mutter trägt keinen Umhang.

DER LEUTNANT: Nein?

ADAM: Nein. Eine persönliche Geschichte.

DER LEUTNANT: Niemals?

ADAM: Niemals.

DER LEUTNANT: Sie müssen sich irren, erst heute hatte Sie einen an, rot war er. Rot und sinnlich, irgendwie.

ADAM: Um Himmels Willen!

DER LEUTNANT: Sie beten? Sagen Sie mir besser nicht zu wem, sonst muss ich Sie noch erschießen. Adam? Es war ein Scherz, Rekrut. Ein Scherz aus meiner Heimat, nichts weiter.

ADAM: Ha, ha?

DER LEUTNANT: Schön dass wir uns so gut verstehen. Warum die Aufregung?

ADAM: Diese Frau –.

DER LEUTNANT: Diese ganz beachtliche Frau.

ADAM: Ist meine Schwiegermutter.

DER LEUTNANT: Ach ja, ich erinnere mich. Es muss mich ihr Wesen ein wenig irritiert haben, wissen Sie.

ADAM: Leutnant, glauben Sie mir – sie ist die Hölle.

DER LEUTNANT: Ach, Rekrut Adam, sehen Sie, das ist dieses Land auch und trotzdem haben wir es unterworfen. So ist das Leben, Adam. So ist das Leben.

ADAM: Was für ein Leben.

DER LEUTNANT: Was für ein Leben. (*Kleine Pause*) Gut.

ADAM: Gut. Was ist gut?

DER LEUTNANT: Wir sind uns also einig, Adam: Sobald Ihnen etwas bekannt wird – und mit „etwas" meine ich jede nur allzu geringe Kleinigkeit – geben Sie mir sofort Bescheid. Verstanden?

ADAM: Verstanden.

DER LEUTNANT: Adam?

ADAM: Ja?

DER LEUTNANT: Das ist kein Spaß, verstehen Sie? Kommunikation, Verständnis, Kooperation, all das – vergessen Sie es. Vergessen Sie es zumindest solange wie es um den Frieden geht und um das Leben meiner Leute. Zu denen gehören jetzt im Übrigen auch Sie, klar? Also: Nehmen Sie Ihren Bonus dafür, dass Sie diese verdächtige Gruppe aufgetan haben, dass der Kontakt besteht und dass ein Vertrauen geschaffen ist, aber vergessen Sie auch stets nicht, wo Sie herkommen, wo Sie hingehören und wo Sie hingehen. Alles klar, Rekrut Adam?

ADAM: Alles klar.

DER LEUTNANT: Dann treten Sie ab. Und passen Sie auf sich auf.

IV

1

Bei Adam zu Hause. Sahra ist alleine und räumt in der Küche auf, während sie gleichzeitig Fahran versorgt. Marjam hält sich im Hintergrund, sitzt an einer Strickarbeit. Adam stürzt herein.

SAHRA: Adam!

ADAM: Sahra, meine geliebte, geliebte Sahra!

SAHRA: Um Himmels Willen, was ist nur mit Dir? Du siehst ja fürchterlich aus.

MARJAM: Schön dass Du das mittlerweile auch erkannt hast.

SAHRA: Mutter!

ADAM: Schon gut.

SAHRA: Schon gut?

ADAM: Ja, schon gut. Hör mal, ich muss dringend mit Dir reden, es ist wirklich unglaublich wichtig.

SAHRA: Gut, Adam, warte nur noch einen Augenblick bis ich hier fertig bin. Irgendwann muss einfach auch einmal wieder ein wenig Ordnung geschaffen werden – auch oder gerade in solchen Zeiten.

ADAM: Aber Sahra, wirklich, es ist wichtig.

MARJAM: Nun hör ihm schon zu, vielleicht verlässt er uns ja. Es wäre nicht richtig von uns, ihn aufzuhalten.

SAHRA: Mutter!

ADAM: Lass sie!

SAHRA: Wirklich?

ADAM: Wirklich. Lass uns einfach reden.

SAHRA: Aber Fahran – ich brauche wirklich nicht mehr lange. Erzähl mir doch einfach jetzt gleich was Dich bewegt.

ADAM: Ich –. Es wäre wirklich besser das unter vier Augen zu besprechen.

MARJAM: Also ehrlich, spätestens jetzt hätte ich ernsthafte Hoffnungen, Mädchen. Beeil Dich – je rascher es erledigt ist, desto eher findest Du einen richtigen Mann.

SAHRA: Mutter!

ADAM: Lass die alte Giftspritze einfach.

MARJAM: Das habe ich gehört.

ADAM: Siehst Du – sie lauscht immerzu. Und es ist wirklich, wirklich wichtig.

SAHRA: Sofort, Adam, gleich bin ich fertig mit allem. Nur noch einen Moment.

Demel klopft an.

ADAM: Sag nichts, sag nichts, Schatz. Es kann im Augenblick nur gut sein, wenn ich nicht da bin.

MARJAM: Herein!

ADAM: Wirst Du wohl –.

SAHRA: Mutter!

MARJAM: Entschuldige Schatz, aber alles was ich sagte war doch: Herein!

DEMEL: Verzeiht die Störung hier bei euch zu Hause, aber ich würde sehr gerne mit Adam reden.

MARJAM: Nur zu, er geht sicherlich gerne mit Dir vor die Tür. Wie es scheint ist sein Mitteilungsbedürfnis gerade ohnehin sehr groß.

ADAM: Willkommen in meinem Haus, Demel, es ist schön dass Du uns die Ehre Deines Besuches erweist. Tatsächlich aber kommt sie gerade in diesem Augenblick leider, leider etwas ungelegen.

DEMEL: Ja? Das ist aber schade.

ADAM: Ja, in der Tat.

DEMEL: Warum denn?

MARJAM: Ja, warum denn?

ADAM: Nun, weil –. Weil es wichtig ist, sich um Fahran zu kümmern. Der Kleine braucht einfach alle Aufmerksamkeit, verstehst Du?

DEMEL: Nein. Offen gestanden sieht er sehr zufrieden aus.

ADAM: Marjam, meine Schwiegermutter. Sie ist eine sehr alte Frau und –.

MARJAM: Vergiss es.

ADAM: Meine Frau, Sahra, ich muss ihr unbedingt helfen bei, bei –.

SAHRA: Beim Kochen?

ADAM: Ja, genau! Beim Kochen!

DEMEL: Du kochst, Adam?

ADAM: Ja. Nein. Ich meine, das war natürlich ein Scherz.

DEMEL: Ein Scherz?

ADAM: Aber natürlich, ein Witz so unter uns Männern.

DEMEL: Ist alles in Ordnung bei Dir, Adam?

ADAM: Sicher, sicher, bestens, ja. Aber mal im Ernst, ich muss ihr natürlich helfen, meiner Frau, beim, beim –.

SAHRA: Beim Wasserholen?

ADAM: Beim Wasserholen, genau das ist es!

DEMEL: Gut.

ADAM: Gut!

DEMEL: Ich komme mit.

ADAM: Dann bis –. Du kommst mit?

DEMEL: Aber natürlich, schließlich muss Deine arme Frau dann nicht mehr so schwer tragen. Wo sie es doch nicht leicht hat, mit dem Kind und der Schwiegermutter.

MARJAM: Hört, hört, ein vernünftiger Mann innerhalb dieser Mauern.

DEMEL: Wie bitte?

ADAM: Vergiss es, Demel. Vergiss es einfach. Also gut, also gut, sag einfach was Du sagen wolltest.

DEMEL: Ohne Wasser?

ADAM: (*Müde*) Sag es einfach. Einfach so.

DEMEL: Hier und jetzt?

ADAM: Ich werde Dich nicht noch einmal bitten.

MARJAM: Sind Sie eigentlich ledig?

ADAM: Du siehst, Du solltest Dich eilen.

DEMEL: Also gut, schließlich ist es auch nicht viel. Das hier übermittle ich Dir von unserem gemeinsamen Freund.

ADAM: Von Ihsan?

DEMEL: (*Verschwörerisch*) Von unserem gemeinsamen Freund, Adam. Unserem gemeinsamen Freund.

ADAM: Na gut: Leg los.

DEMEL: Also:
Vergiss nicht, wann die Stunde schlägt,
vergiss nicht, rot ist unser Zeichen
nur wer sein Ziel im Herzen trägt
wird seine Freiheit einst erreichen.

Vergiss nicht, wir erwarten Dich,
vergiss nicht Deinen edlen Schwur
ein stolzes Herz versetzt den Stich
der fremden schlechten Diktatur.

MARJAM: Das war doch einmal ein schönes Gedicht! Aber was verstehst Du schon davon, Adam?

ADAM: „Der fremden schlechten Diktatur"? Das ist – wie soll ich sagen?

DEMEL: Tut mir leid – das Ende hatte ich vergessen, da musste ich improvisieren.

ADAM: Aha.

DEMEL: Tut mir leid. Adam?

ADAM: Ja?

DEMEL: Hast Du es verstanden?

MARJAM: Hast Du schon einmal einen Fluss aufwärts fließen sehen?

DEMEL: Ich glaube nein. Warum?

MARJAM: Ach, vergiss es. Hauptsache Du bist ledig und nimmst den da mit.

DEMEL: Adam?

ADAM: Was?

DEMEL: Hast Du sie verstanden?

ADAM: Wen?

DEMEL: Die Geheimbotschaft.

ADAM: Die Geheimbotschaft? Ach das – das war die Geheimbotschaft?

DEMEL: Ja. Und?

ADAM: Wie und?

DEMEL: Hast Du sie verstanden?

ADAM: (*Sehr müde*) Ich und kein anderer.

DEMEL: Gut so. Wir müssen aufpassen, schließlich agieren wir im Untergrund. Dann pass auf Dich auf, Adam. Die MRP ist stolz auf Dich.

MARJAM: Hießen die nicht mal RP?

DEMEL: Entscheidende Kräfte arbeiten an der Rückbesinnung. Glauben Sie mir, entscheidende Kräfte. Passt auf euch auf. (*Ab*)

SAHRA: (*Besorgt*) Alles in Ordnung, Adam?

ADAM: Ja. Nein. Ach, ich bin einfach müde. Ich glaube ich gehe einfach ein paar Schritte.

MARJAM: Bring Wasser mit.

ADAM: Ich –. Ja, natürlich.

SAHRA: Adam?

ADAM: Ja?

SAHRA: Ich liebe Dich, Adam.

ADAM: Ich Dich auch, Sahra. Ich Dich auch.

SAHRA: Adam?

ADAM: Ja?

SAHRA: Der Eimer, Adam. Der Eimer. (*Adam ab*)

2

Am Brunnen. Adam singt leise vor sich hin, als von der Seite Barrani erscheint.

BARRANI: Adam! Was treibst Du denn hier. Sag mal: Ist alles in Ordnung?

ADAM: Ach Barrani. Tut mir leid, ich war ganz in Gedanken.

BARRANI: Du siehst müde aus.

ADAM: Weißt Du, das trifft es ganz gut. Ich bin müde – und wie.

BARRANI: Ist aber auch keine leichte Arbeit, die wir da haben. All die Verantwortung, die Spannung, die

Gefahr. Glaub mir, ich kann Dich gut verstehen, Adam, wirklich, ich kann Dich verstehen.

ADAM: Kannst Du?

BARRANI: Oh ja, voll und ganz. Weißt Du, eine solche Aufgabe, ein Leben an den Grenzen, das schweißt einen ganz schön zusammen. Und außerdem: Vergessen wir nicht unsere eigentlichen, unsere geheimen Pläne für dieses unser Land, verstehst Du. Durch unser Sein, unser kühnes Werk entsteht schließlich aus der Revolution heraus das neue, gesunde Land. Oder so. Also wie dem auch sei, jedenfalls sind wir Kampf- und Gesinnungsgenossen und so. Wir sind ja quasi eine Familie, Freunde in des Feindesland oder umgekehrt oder irgendwie so, Du verstehst schon. Da kann man schon einmal ein kleines bisschen erschöpft sein, gerade in Deinem Alter, Adam.

ADAM: Aha. Danke, dass Du mich daran erinnert hast.

BARRANI: Gut, kein Problem. Wir halten zusammen. Kann ich denn sonst noch irgendetwas für Dich tun, Bruder?

ADAM: Nein, schon gut.

BARRANI: Gut. Schon gut ist gut. Klingt ja auch schon so, nicht wahr. (*Kleine Pause*) Bist Du Dir sicher, dass alles in Ordnung ist, Adam?

ADAM: Ja, natürlich.

BARRANI: Ich meine, es ist ja klar, dass Du immer zu mir kommen kannst, verstehst Du? Brüder im Geiste halten eben immer zusammen und so. Verstehst Du?

ADAM: Es ist schon in Ordnung.

BARRANI: Adam?

ADAM: Ja?

BARRANI: Du bewegst Dich nicht.

ADAM: Ja? Das mag am Alter liegen.

BARRANI: Adam, mein Bruder. Wirklich, ich bin enttäuscht. Du weißt doch, dass Du mir alles erzählen kannst.

ADAM: Ja. Danke dafür. Wir sehen uns morgen früh.

BARRANI: Adam!

ADAM: Was denn?

BARRANI: Erzähl es mir.

ADAM: Ich wüsste nicht, was.

BARRANI: Erzähl es!

ADAM: Was muss ich denn um Himmels Willen tun, um hier ein wenig Ruhe zu haben?

BARRANI: Erzählen! Bitte!

ADAM: Also gut, Barrani. Also gut. Vielleicht bist Du da ja auch genau der Richtige, nicht wahr?

BARRANI: Aber sicher, ganz bestimmt.

ADAM: Obwohl –.

BARRANI: Bitte!

ADAM: Na gut, na gut, war nur ein Scherz. Vielleicht hat es eben doch alles seinen Sinn. Schließlich bist Du hier unser Revolutionär, nicht wahr?

BARRANI: Aber natürlich!

ADAM: Unser Vordenker.

BARRANI: Wie kein anderer!

ADAM: Ein Mann der Ideen!

BARRANI: Sie sprudeln in Hülle und Fülle, immer für das Gute.

ADAM: Ein Mann der Tat!

BARRANI: (*Zögert*) Also –. Willst Du denn nicht eigentlich endlich erzählen, was los ist?

ADAM: Also gut. Hör zu, Barrani. Hörst Du zu?

BARRANI: Aber natürlich.

ADAM: Sieh mal, es ist so. Durch einen seltsamen Zufall habe ich davon erfahren, dass ein Anschlag stattfinden soll. Ein großer Anschlag und das in nicht allzu ferner Zeit. Verstehst Du, Barrani, das kann einen Menschen schon ein wenig beschäftigen. Zumal das Ziel dieses Anschlages jene Leute sein sollen, die mir eigentlich zur Seite stehen. Nicht richtig zwar, aber doch immerhin. Dann wieder andere, die für mich auch nichts Schlechtes wollen, jedenfalls nicht für mich als einzelnen Menschen, das glaube ich zumindest, schon allein weil ich mir nichts anderes vorstellen kann und will. Verstehst Du, Barrani?

BARRANI: (*Langsam*) Also –.

ADAM: Fassen wir es kurz: Es soll einen Anschlag geben. Menschen sollen sterben, um ein Zeichen zu setzen. Für die Revolution. Für dieses Land.

BARRANI: Gegen die Besatzer?

ADAM: Gegen alle. Und jetzt kommst Du, Barrani. Stell Dir einmal vor, Du erfährst von einem solchen Vorhaben, stell es Dir einfach einmal vor. Das ist keine leichte Situation, verstehst Du? Und was würdest Du nun also tun? Ein Zeichen? Für die Revolution? Ein Verrat – dann neuer Hass? Vielleicht? Wahrscheinlich? Mit Sicherheit? Was würdest Du tun, Barrani? Du bist schließlich unser Vordenker, unser Revolutionär, unser Bruder.

BARRANI: Nun ich –.

ADAM: Ja?

BARRANI: Also, ich –. Ich kann Dir gerne helfen noch etwas Wasser aus dem Brunnen zu holen. Ich meine, wo Du doch hier einfach so sitzt. Aber warte mal, nein, ach wie konnte ich das nur vergessen, wo mir doch so sehr die Schulter schmerzt, siehst Du, hier?

ADAM: Ich –.

BARRANI: Ja, ja, genau da, es ist fürchterlich. Ein altes Familienleiden, fast schon Tradition, man könnte glauben, es ist sogar älter als dieses Land selbst, verstehst Du, ha, ist das nicht lustig? Nein?

ADAM: Also –.

BARRANI: Also jedenfalls genau deswegen wollte ich ohnehin mit Dir sprechen, denn sieh mal, ach das ist wirklich ärgerlich, ein Jammer, tatsächlich, denn eigentlich, in der Tat, ist es eher ein grippiges Leiden, ein Infekt der sich quasi, also der sich fortentwickelt und mich quält. Sicher, das geht schon länger so, ganz bestimmt ist das sehr unangenehm, das verstehst Du doch. Und na ja, weil sich das nun mal so auf die Glieder legt wollte ich eigentlich sowieso und ohnehin, also dieses patrouillieren, das ist einfach ein wenig anstrengend, eine Herausforderung, sicher, aber eben auch eine harte Bürde, das gerade in meinem noch jungen Alter – Sieh mal, ich kann diesem Land einfach aus noch so vielen Positionen helfen, immer für das Gute, das Stabile, für –.

ADAM: (*Langsam*) Für die Revolution.

BARRANI: Genau, Adam, genau Du hast es raus. Genau das! Für die Revolution! Also –.

ADAM: Also verlässt Du die Patrouille.

BARRANI: Aber selbstverständlich! Sicher, bisher hatte ich so meine Zweifel und war mir ein wenig ungewiss darüber, jetzt aber, wo Du es selbst auch in den Raum stellst muss ich natürlich zugeben, dass der Gedanke doch besticht, natürlich, Du hast ja Recht, da muss ich mich einfach Deiner Einsicht beugen, nicht wahr?

ADAM: Die Revolution –.

BARRANI: Braucht mich, da erwischt Du haargenau den Punkt. Wir müssen einfach noch so vieles vorbereiten, planen, durchdenken. Ganz hervorragend übrigens, Adam, wirklich, Dein kleines Beispiel. Prima, ein ethisches Gedankenkonstrukt vom Allerfeinsten. Respekt, Adam, ich ziehe meinen Hut, das war schon Klasse. Wie bei Platin, Aristototoles, Aristopha – also Du weißt schon, wen ich meine. Adam, Du bist ein Philosoph, das ist toll! Sicher, mit solchen rein hypothetischen Gedankenspielen kommt man nicht wirklich weiter, auch Du wirst das eines Tages einsehen müssen. Aber bis dahin, Adam, ist Dein Beitrag beachtlich. Wirklich toll.

ADAM: Barrani.

BARRANI: Ja?

ADAM: Lass es einfach.

BARRANI: Ich soll – es lassen?

ADAM: Geh einfach, Barrani. Geh einfach fort.

BARRANI: Sicher, da ist was dran. Vielleicht sollte ich einfach fortgehen, genau. Ein wenig nachdenken, zur Ruhe kommen, zu mir finden. Die Lage überdenken, neue Entschlüsse fassen, Pläne schmieden, die Revolution vorbereiten. Ja, Adam, Du hast Recht. Du bist nicht nur ein Philosoph, sondern fast ein Weiser. Adam der Weise, so solltest Du genannt werden!

ADAM: Geh jetzt, Barrani.

BARRANI: Dann sagst Du allen Bescheid?

ADAM: So wie es nötig ist.

BARRANI: Ich danke Dir für Deine Worte, Adam. Wirklich, Du bist ein Quell der Weisheit und Inspiration. Zu Dir sehe ich auf, das tun wir alle, alle. Pass auf Dich auf, Adam. Adam?

ADAM: Bist Du noch da?

BARRANI: Mein Bruder, wie besorgt Du um mich bist.
Pass auf Dich auf, mein Bruder. Pass auf Dich auf.
(*Ab*)

3

*Es wird Abend. Adam sitzt immer noch am Brunnen,
da tritt aus dem Hintergrund seine Mutter auf.*

LAILA: Adam!

ADAM: Mutter!

LAILA: Ach Adam, mein Adam, was treibst Du hier
nur?

ADAM: Mutter, ich –. Wie hast Du mich gefunden?

LAILA: Ich war vorhin bei Sahra, um euch ein wenig
Geld zuzustecken und sie meinte, dass sie Dich nicht
gesehen habe, seit Du zum Brunnen aufgebrochen
warst. Alles was sie mir sagen konnte war, dass Du
wahrscheinlich in Gesellschaft von diesem fragwürdi-
gen Demel seiest und eigentlich bald wiederkommen
solltest. Und jetzt finde ich Dich hier einfach nur so
herumsitzend. Adam, Adam, wirklich, Du machst es
den Menschen nicht leicht, Dich zu verstehen. Nicht
einmal Deiner eigenen Mutter.

ADAM: Ach Mutter.

LAILA: Nein wirklich, Adam, Du weißt ganz genau, dass mir ohnehin für das Meiste das Verständnis fehlt.

ADAM: Aber Mama, bitte nicht schon wieder.

LAILA: Nicht schon wieder? Dass ich nicht lache. So weit ich mich erinnern kann wurde das noch niemals überhaupt richtig angesprochen. Adam, mit Deiner eigenen Mutter!

ADAM: Mama, nicht jetzt, wirklich, ich habe fürchterliche Sorgen.

LAILA: Sorgen, Adam! Sorgen! Was verstehst Du schon von Sorgen, Junge?

ADAM: Mama, wirklich, es geht um – um eine Entscheidung zwischen Leben und Tod.

LAILA: Junge, ach Junge, was hast Du nur für Flausen im Kopf? Kehr doch erst einmal vor Deiner eigenen Tür.

ADAM: Mama!

LAILA: Wirklich, Junge, da findest Du genug Unrat, der nicht zusammenpasst. Sieh Dich doch mal an, Adam, sieh Dich doch nur mal an, in welchen Kleidern Du herumläufst.

ADAM: Aber Mama, es ist Krieg.

LAILA: Na und, Krieg hin, Krieg her, ist das etwa die Kleidung, die sich für einen Gelehrten schickt? Einen Dichter? Einen Professor?

ADAM: Mama, bitte.

LAILA: Jawohl, einen Professor, auch wenn Du das jetzt nicht hören magst.

ADAM: Mama hör mal, es ist Krieg, da ist nun einmal keine Zeit für große Literatur.

LAILA: Krieg hin, Krieg her, ich mag davon einfach nichts wissen. Denkst Du etwa dass es als Entschuldigung gelten kann, einfach seinen Beruf zu vernachlässigen.

ADAM: Aber Mama –.

LAILA: „Das Leben ist nur ein Moment." –.

ADAM: „Der Tod ist auch nur einer." Schiller, ich weiß.

LAILA: Den mochtest Du immer. Oder was ist mit diesen Franzosen, Balzac, Hugo, Dumas – das waren Deine besten Vorlesungen.

ADAM: „Wir tadeln an anderen nur die Fehler, aus denen wir keinen Nutzen ziehen." Ich erinnere mich. Trotzdem, Mama, europäische Literatur aus dem vorvorherigen Jahrhundert – es könnte in diesem Land wohl nicht viel Unpassenderes geben.

LAILA: Und damit auch niemanden, der weniger hineinpasst, als ein Mensch der dieses Fach unterrichtet. Wirklich, es hat angefangen mit diesen Hirngespinsten, mit den Gedichten und den Liedern – das habe ich ja noch hinnehmen können.

ADAM: Das mit dem anderen Land hat Dir immer gut gefallen.

LAILA: Schön, gut, ich gebe es ja zu. Von mir aus. Aber alles andere, die Lehre, Deine Ausbildung, Deine Leidenschaft. Um Deinem Volk verbunden zu sein ist es schön zu reimen – was Du übrigens auch von einem anderen Ort aus hättest tun können. Schön ist es aber auch ein wenig zu leben, Adam. Zu überleben.

ADAM: Mutter!

LAILA: Du weißt, ich hätte Dich gehen lassen. Schweren Herzens zwar, doch ich hätte Dich gelassen. Überleg doch nur, wo Du alles studiert hast – und wer Dich aufgenommen hätte. Ach Adam, wie konntest Du nur –.

ADAM: Das weißt Du genau, Mutter.

LAILA: Fang nicht wieder davon an.

ADAM: Ich muss damit gar nicht anfangen. So ist und bleibt nun einmal meine Entscheidung.

LAILA: Mit der Du natürlich vollauf glücklich bist.

ADAM: Es gibt sicher bessere und schlechtere Zeiten. Aber ich bleibe dabei. Sie ist die Richtige, Mama. Einfach die Richtige.

LAILA: Mit ihrer Mutter –.

ADAM: Zugegeben, die ist ein Drache. Es kann aber auch wirklich nicht jeder so verständnisvoll sein wie Du.

LAILA: Und einem Kind.

ADAM: Das für mich wie mein Kind ist.

LAILA: „Wie Dein Kind", Adam. Das ist nicht dasselbe.

ADAM: Wir gehören einfach zusammen, Mutter.

LAILA: Und wenn ihn keine Bombe erwischt hätte? Was dann? Was dann, Adam?

ADAM: Wir reden jetzt nicht mehr darüber, Mutter. Sie brauchte mich und ich war da. Ich meine es doch wirklich nur gut.

LAILA: Ach Adam, Adam, Du meinst es doch immer nur gut mit allen. Die Welt wartet aber nicht auf Menschen, die es gut meinen, sondern auf solche, die handeln. Ein Mensch der Tat solltest Du sein, Adam. Mein stolzer, entschiedener, aufrechter Sohn. Sieh Dir doch nur an, wie Du Dich hier herumschlägst, Adam.

Es ist wirklich ein Trauerspiel. Schlimmer könnte es wohl wirklich kaum kommen.

ADAM: Nun, genau genommen ist es das sogar schon. Hör mal, Mama, vielleicht könnte ich da wirklich Deinen Rat gebrauchen.

LAILA: Nichts mehr, Adam. Nichts mehr. Ich mag davon wirklich rein gar nichts mehr hören. Allen Rat hast Du ausgeschlagen, alles Gutgemeinte verworfen – jetzt sieh zu, wie Du zu Recht kommst, mein Sohn. Denk mal darüber nach, Adam – wir sprechen uns morgen.

ADAM: Aber vielleicht ist es dann schon zu spät.

LAILA: Das ist es schon lange, wenn Du mich fragst. Denk einfach mal darüber nach. Mach Deine Mutter nicht immer so traurig, Kind.

ADAM: Aber Mama.

LAILA: Bis morgen, Adam. Ach ja, Adam –

ADAM: Ja?

LAILA: Pass auf Dich auf, mein Kind. Pass auf Dich auf.

V

1

Es ist Morgen. Der Marktplatz ist noch fast leer. Ein paar Buden sind bereits aufgebaut, im Hintergrund wird gearbeitet. Ansonsten findet sich ein altes rotes Auto, das neben dem Brunnen steht und an das sich Ihsan lehnt. Demel baut im Hintergrund ungeschickt an einem Marktstand.
Auf den Stufen des Brunnens liegt Adam und schläft. Ihsan nimmt den Eimer des Brunnens auf und leert ein wenig Wasser in Adams Gesicht.

IHSAN: Na, Adam, Du scheinst es ja wirklich gar nicht mehr erwarten zu können. Vorbildlich. Prima. So stellt sich die MRP das natürlich vor. Bravo Adam, mein Freund, bravo.

ADAM: Wie, was? Ihsan, was treibst Du denn hier?

IHSAN: Die weitaus interessantere Frage ist wohl eher: Was treibst Du hier, mein Freund?

ADAM: Ich muss eingeschlafen sein. Ich meine – um Himmels Willen! Sahra, Fahran! Sie werden umkommen vor Sorge.

IHSAN: Halb so wild, Adam, entspann Dich. Nachdem Demel mit ein wenig irritierenden Nachrichten zu mir zurückgekehrt ist, dachte ich es wäre vielleicht besser selbst noch einmal nach Dir zu sehen. Du weißt doch, unser guter Demel ist zuweilen schon einmal ein wenig verwirrt, so dass der Gedanke eigentlich auch gar nicht verwunderlich war, dass er das ein oder andere eventuell durcheinander bringen könnte. Da ich aber nun einmal so sehr um Dein Wohl und damit natürlich auch das unserer Organisation besorgt bin, habe ich kurzerhand beschlossen Dich und Deine Familie von der Konfusion, die Demel gestiftet haben mag zu befreien – was leider nicht ging, da Du nicht zu Hause anzutreffen warst. Weil Du aber nun einmal nicht da warst, habe ich es wenigstens als meine besondere Pflicht unter Brüdern und Gesinnungsgenossen verstanden, Deine Familie zu beruhigen.

ADAM: Was hast Du denn gesagt?

IHSAN: Dass Du für die gute Sache unterwegs bist und sicherlich so bald wie möglich zurückkehren wirst.

ADAM: Wie haben Sie es aufgenommen?

IHSAN: Deine Frau war anfangs ein wenig besorgt. Deine Schwiegermutter fragte mich, ob ich noch ledig bin.

ADAM: Das ist nicht lustig.

IHSAN: So war es auch nicht gemeint. Aber wie dem auch sei, Adam, nun da ich sehe, dass Du gleich hier an Ort und Stelle auf den entscheidenden Tag gewartet hast, bin ich natürlich vollauf beruhigt und sehe der Verwirklichung all unserer Pläne gelassen entgegen. Nicht dass ich je besondere Zweifel gehabt hätte, aber Du weißt ja wie das so ist mit der Premierenangst und solchem Schabernack.

ADAM: Ich –.

IHSAN: Aha, ich sehe Du bist sprachlos. Was ich im Übrigen gut verstehen kann, immerhin ist das nun wirklich ein ganz besonders geschickt durchdachter Plan. Wer weiß mit wie vielen unserer tapferen Kampfesgenossen wir ihn begehen könnten, wenn die ihren nur annähernd vergleichbar gewesen wären, nicht wahr? Sei's drum, dann richten wir es eben für sie. Ein bisschen schade um das Auto, aber was soll's.

ADAM: (*Sieht sich um*) Das Auto?

IHSAN: (*Klopft auf die Motorhaube*) In dieser prächtigen Kiste lauern nicht weniger als einhundert Kilogramm Dynamit, mein Freund.

ADAM: Dann ist es wohl keine gute Idee dagegen zu klopfen?

IHSAN: Oh. Richtig. Wo sind nur meine Gedanken – wäre aber auch zu schade gewesen, so kurz vor dem großen Auftritt. Also gut, Adam, jetzt in aller Kürze, hör einfach nur gut zu: Siehst Du dieses Kabel hier – es verbindet die Pakete miteinander und leitet den Zündstrom gleichmäßig um, so dass alles gemeinsam und zeitgleich explodiert. Ausgelöst wird das Ganze aber letztlich durch einen Impuls, der durch dieses rote Kabel geleitet wird, das an den Zündkasten angeschlossen ist. Verstanden, Adam? Gut, also hör zu:

Alles was Du tun musst, ist im entscheidenden Augenblick auf diesen Knopf hier zu drücken – und natürlich in Deckung zu gehen. Wir sehen uns dann im Zweifel später wieder in unserem Versteck. Oh und ach so, der entscheidende Augenblick: Demel und ich werden hinter dem Glaswarenstand dort am anderen Ende des Platzes in Stellung gehen und als Händler getarnt die Lage überwachen. Keine Sorge Adam, da besteht keine Entdeckungsgefahr: In diesen Zeiten kauft ohnehin niemand der bei gesundem Menschenverstand ist irgendwelchen Kram aus Glas. Wenn wir also eine große blaue Vase auf den Boden fallen lassen ist das Dein Zeichen. Klar soweit? Gut.

ADAM: Sag mal Ihsan –.

IHSAN: Ja?

ADAM: Warum macht ihr das eigentlich nicht alles selbst?

IHSAN: Was denn?

ADAM: Na das mit dem Zünden, dem In-Deckung-gehen und so. Ich dachte – verstehst Du, so war es doch – geplant? Nein?

IHSAN: Also das schätze ich wirklich an Dir, Adam, wirklich, das ist toll, dieser Humor auch noch kurz bevor der Vorhang fällt. Wirklich Adam, das ist klasse, behalt' Dir diese Art bei.

ADAM: Wie bitte?

IHSAN: Jetzt mal im Ernst: Wir sind das Planungsbeziehungsweise Rekrutierungskomitee, nicht der Exekutivtrupp. Der besteht aus – nun ja, aus Dir eben. Genau dafür haben wir ja diese Aufgabenverteilung, eine Gewaltenteilung, verstehst Du.
Schließlich haben wir doch eine Besatzung, da lernt man die tollsten Sachen. Aber hör mal, Adam, jetzt mal im Ernst, wir haben wenig Zeit, der Stand muss noch fertig aufgebaut werden und die Zeit rast schon ganz schön. Bis zum Mittag muss schließlich alles fertig sein.

DEMEL: Ihsan! Die Patrouille!

IHSAN: Jetzt schon?

DEMEL: Wenn ich es Dir doch sage! Und jetzt?

IHSAN: Und jetzt und jetzt? Wie viele sind es denn?

DEMEL: Die ganze Truppe!

IHSAN: Lieber Himmel ist das schwierig! Wenn sie jetzt kommen, sind sie wohl nachher nicht mehr da. Hm, das ist nicht leicht. Aber gut – sprengen wir eben nur sie, das ist immerhin die halbe Miete. Nichts Besonderes zwar, aber doch ganz guter Durchschnitt. Ich meine wer weiß, vielleicht erwischen wir noch den ein oder anderen Passanten und am Ende sieht doch noch alles ganz passabel aus.

ADAM: Und wenn sie nun zu mir kommen?

IHSAN: Dann ist endlich Dein großer Augenblick gekommen, Adam. Dann kannst Du endlich Mut, Courage und Entschlossenheit für unsere gute Sache unter Beweis stellen.

ADAM: Das heißt –.

IHSAN: Für Deine Familie wird vorbildlich gesorgt. Du weißt: Geld ist bei uns kein Mangel. Erst Recht nicht für die Hinterbliebenen eines Helden.

ADAM: Eines Helden?

IHSAN: Eines Helden, Adam!

ADAM: Aber, das ist doch der Wahnsinn!

IHSAN: Sicher, wir müssen improvisieren – aber Du schaffst das schon, Adam. Wir glauben an Dich. Ich glaube an Dich. Pass auf Dich auf. (*Ab zu dem Glasstand an dem schon Demel wartet*)

ADAM: Aber ich –. Ich –. Was soll ich denn jetzt –. Um Himmels Willen, nein, nicht auch das noch, lieber Himmel, nein!

Von der Seite kommen der Leutnant, Tuesday, Wednesday und Chalid auf den Platz.

DER LEUTNANT: Männer – bezieht Aufstellung!
(*Tuesday, Wednesday und Chalid stellen sich in Dreiecksformation hinter ihn; Der Leutnant bildet die Spitze des Dreiecks.*)

Rekrut Adam!

ADAM: Herr –. Herr Leutnant?

DER LEUTNANT: Rekrut Adam, was in aller Teufels Namen treiben Sie hier?

ADAM: Ich – es ist ein wenig kompliziert, Herr Leutnant.

DER LEUTNANT: Das glaube ich aber auch, Rekrut Adam.

ADAM: Ja.

DER LEUTNANT: Also?

ADAM: Also.

DER LEUTNANT: Ich warte auf eine Erklärung. Männer, sichert die Umgebung. Kümmert euch um die Leute, niemand betritt oder verlässt diesen Platz, bis die Lage geklärt ist. (*Tuesday, Wednesday und Chalid schweifen aus und umstellen den Platz; Tuesday stellt sich dabei neben Demel und Ihsan, die damit nicht entweichen können*)

ADAM: Hören Sie, Leutnant, das ist hier sicherlich nicht der richtige Ort. Von der richtigen Zeit ganz zu schweigen.

DER LEUTNANT: Hören Sie mal, Rekrut Adam, ich habe es Ihnen das letzte Mal schon gesagt: Es gibt einen Unterschied zwischen Kommunikation, Verständnis und so weiter – und der nackten Realität. Ist Ihnen das klar, Rekrut Adam, ist Ihnen das klar? Sie müssen in der Realität ankommen, mein Freund – und das zügig. Entscheiden Sie sich, auf welcher Seite sie stehen. Entweder Sie sagen mir sofort, warum Sie nicht zum Dienst erschienen sind, was Sie hier an diesem Brunnen wollen und was von all dem zu halten ist – oder wir nehmen Sie unverzüglich in Gewahrsam. Dass das kein Kindergeburtstag wird brauche ich wohl nicht noch extra auszuführen. Also?

ADAM: Hören Sie –.

DER LEUTNANT: Ich höre. Rasch, ich erwarte eine sofortige Erklärung.

ADAM: Dann gehen Sie am Besten. (*Hektisch*) Gehen Sie sofort, jetzt, zögern Sie nicht, verschwinden Sie!

DER LEUTNANT: Gut, das reicht, Soldat Wednesday, nehmen Sie ihn fest! (*Wednesday nähert sich Adam.*)

ADAM: Sie verstehen nicht.

DER LEUTNANT: Da haben Sie wohl Recht, Adam. Aber ich glaube zugleich verstehe ich auch ganz gut.

ADAM: Hören Sie, es ist eine Frage von Leben und Tod!

DER LEUTNANT: Ich –.

IHSAN: Jetzt, Adam! Jetzt! (*Wirft sich in Deckung, reißt Demel mit; Adam reagiert nicht, bleibt einfach stehen; Tuesday zielt auf Demel und Ihsan.*)

TUESDAY: Stehenbleiben! Ich meine: Liegenbleiben! Aber sofort! Keiner rührt sich.

DER LEUTNANT: Was jetzt? Verdammt nochmal, was jetzt? (*Alle zücken ihre Waffen.*)

ADAM: (*Schreit*) Nein! Stop!

DER LEUTNANT: Verdammt, Adam, Sie haben zehn Sekunden, ehe ich Sie erschieße.

ADAM: Hören Sie, Leutnant, hört mal Leute, hört einfach alle zu. Alle! (*Zieht den Zünder aus seinem Umhang*) Ich habe hier diesen Zünder, seht ihr, er ist in meiner Hand. Keiner bewegt sich! Keiner sagt ein Wort! Keiner!

IHSAN: Jetzt, Adam, verdammt!

ADAM: Keiner! Alle hören einfach zu. Alle! Seht her, es ist richtig, hier stimmt so manches nicht. Überhaupt nicht! Ich habe hier einen Zünder in der Hand, um euch in die Luft zu sprengen. Euch, die ihr den Heldentod sterben wollt, euch, die ihr dieses Land besetzt und mich, der ich zwischen euch stehe. Ja, ich stehe zwischen euch! Ihr gebt mir Geld, beide und ja, ich brauche es auch. Ich brauche es, um zu leben, aber wo, frage ich euch, wo lebe ich hier? Wo? Was ist das für ein Land, das mich zwingt zu töten, das mich zwingt, meinen Beruf aufzugeben, die Literatur aufzugeben, das Leben aufzugeben, nur um existieren zu können. Was ist das für ein Land, in dem ich mit einem Teufel von einer Schwiegermutter zusammenleben muss, weil es keinen Platz mehr gibt, keine Häuser, keine Unterkünfte, keine Sicherheit. Denn ja, hört mal, ja, ich habe Probleme, natürlich habe ich Probleme, ich habe diesen Drachen von Schwiegermutter und sie macht mir das Leben zur Hölle. Ich habe eine Mutter, die mich nicht versteht, eine Liebe, die ich selbst manchmal nicht verstehe, ein kleines fürchterliches Kind, das nicht einmal meines ist, keinen Beruf und als ob das nicht genug wäre auch keinen Schlaf! Ja, ich habe Probleme, meine Probleme und die sind wahrlich mehr als genug. Aber was passiert? Ihr kommt dazu – hört gefälligst zu, bis ich zu Ende gesprochen habe, ich habe schließlich dieses Ding in der Hand und der Himmel bewahre, nie war ich so bereit es zu benutzen. Ihr kommt also dazu – und was macht ihr? Ihr unterdrückt uns, hetzt uns gegenseitig auf, nehmt uns unsere Häuser, die uns noch geblieben sind und sorgt nur für weitere Unruhe. Als ob wir davon nicht schon genug gehabt hätten! Als ob! Gebt ihr mir Arbeit? Ja, aber was für eine – die eines Verräters und eines feigen noch dazu! Wollt ihr etwas wissen von unserer Kultur? Ich hätte es euch sagen können. Interessieren euch meine Sorgen? Ich kann sie euch gerne erzählen. Bringt ihr uns neue Hoffnung? Daran glaubt ihr doch selbst nicht mehr. Ihr repariert die Leitungen, die ihr zerschossen habt, ihr erklärt uns Dinge, die wir nicht wissen wollen und anstatt Vertrauen zu euch zu schaffen, sät ihr Misstrauen unter uns! Wollt ihr das? Wollt ihr das wirklich? Nein, ich glaube nicht. Wisst ihr, vielleicht täte ich gut daran euch alle, uns, mich in die Luft zu sprengen – was haben wir zu erwarten? Was wollen wir noch? Wird es aber etwas ändern? Nein! Es kommen neue Soldaten, eine neue MRP.

DEMEL: RP.

ADAM: Was?

DEMEL: Ach nichts, ist eigentlich egal.

ADAM: Es geht nur alles weiter, ein ewiger Kreis. Was können wir denn tun frage ich euch, was können wir nur tun? (*Wirkt müde*)

IHSAN: Drück den Zünder! Jetzt! Es wird Dir nicht vergessen werden!

DER LEUTNANT: Ich warne Sie, Rekrut! Kehren Sie um zur Vernunft.

ADAM: Aber ich bitte euch – sprecht doch miteinander. Reicht euch die Hand. Wir können nicht immer stehen bleiben. Eines Tages müssen wir uns einfach bewegen – hier ist das Leben, hier ist die Hoffnung. Nicht in irgendeinem anderen Land.

IHSAN: Drück jetzt, Adam! Jetzt!

DER LEUTNANT: Das reicht! Ich nehme Sie gefangen, allesamt! Sofort! Adam geben Sie mir den Zünder! Tuesday, fesseln Sie diese Subjekte!

(*Tuesday geht mit gezogener Waffe auf Demel und Ihsan zu, da schießt Chalid plötzlich auf ihn. Tuesday sinkt nieder, erschießt aber noch Demel, der sich durch einen Sprung retten will.*)
Was zum Teufel! (*Der Leutnant zielt auf Chalid, wird aber ebenfalls von diesem niedergeschossen. Auch Wednesday, der sich fallen lassen will, wird von Chalid getroffen, erwischt ihn aber vorher noch an der Schulter. Ihsan bleibt noch einen Augenblick liegen, rappelt sich dann aber hoch und geht mit weit ausgebreiteten Armen auf Chalid zu. Während des gesamten Geschehens ist Adam regungslos wie eine Statue mit dem Zünder in der Hand in der Mitte stehen geblieben. Der Rauch verzieht sich nun.*)

IHSAN: Bravo, bravo, das war ein Husarenstück! Großartig, wirklich. Meinen Respekt, solche Männer braucht die MRP, solche Helden brauchen wir. Kommen Sie an mein Herz!

CHALID: Du Narr! (*Erschießt Ihsan, der sofort zurückfällt. Stille kehrt ein. Langsam beginnt Adam sich wieder zu bewegen und nähert sich zaghaft dem Chalid, der keuchend und mit schmerzverzerrter Miene an einen Marktwagen gelehnt bleibt, die Pistole aber immer noch in der Hand hält.*)

ADAM: Ist –. Ist alles in Ordnung?

CHALID: (*Lacht keuchend*) Es geht so, was, Adam? Sagen wir: Den Umständen entsprechend.

ADAM: Kann ich etwas – für Dich tun?

CHALID: Ich weiß nicht, Adam, ich weiß nicht. (*Nimmt seine Hand von einer blutenden Wunde*) Sieht nicht so gut aus, was?

ADAM: Komm her, ich helfe Dir wenigstens erst einmal, Dich richtig hinzusetzen. (*Hilft Chalid auf, wobei er ihm aber zugleich auch zu seiner großen Erleichterung die Waffe aus der Hand nimmt.*) Gut. Ich meine: Ist es besser so?

CHALID: Es geht.

ADAM: Wirklich? Das ist gut.

CHALID: Adam?

ADAM: Ja?

CHALID: Entspanne Dich, Du brauchst keine Angst zu haben.

ADAM: Ich –. Nein?

CHALID: Nein.

ADAM: Oh. Das ist gut. Oder?

CHALID: Ich habe nicht auf Dich geschossen, Adam, weil ich nicht auf Dich schießen wollte.

ADAM: Gut. Ich meine: Danke. Aber – warum hast Du auf die anderen geschossen? Also nicht dass Du das falsch verstehst, nicht wahr, Du musst das nicht sagen.

Überhaupt wäre es wohl am Besten erst einmal nach einem Arzt zu sehen.

CHALID: Kein Arzt.

ADAM: Wie?

CHALID: Kein Arzt. Sieh es Dir an: Es ist zu spät, Adam. Und es ist gut so. Gib mir einfach ein wenig Wasser aus dem Brunnen. (*Eine Pause; Adam holt Wasser, das Chalid trinkt. Dessen Stimme wird in der Folge brüchig und schwächer*) Du fragst mich also warum? Warum die und nicht Dich? Und warum dann alle davon? Nun – warum nicht? Sieh mal, Adam: Ich bin nun 25 Jahre alt und damit älter als es mein Vater wurde. Ist das nicht verrückt? Es ist so, ich sage es Dir. Kaum kann ich mich an ihn erinnern, wie auch, schließlich war ich noch ein Kind, verstehst Du, Adam, ein Kind, als sie ihn wegholten. Sie, das waren die mit den Waffen, nicht diese hier, sondern andere. Du musst das verstehen, sagten sie mir, aber ist das so? Muss man denn verstehen, wenn der eigene Vater geht? Ich weiß es nicht, Adam, ich weiß es nicht. Was ich weiß ist, dass ich wenigstens in den Spuren meiner Ursprünge geblieben bin, ging es ihm doch auch nicht anders. Seinen Vater kannte er nur als Kind. Eine Bombe, Adam, eine schlichte Bombe. Abgeworfen hatte sie wieder jemand anderes – aber ändert das etwas? Ich weiß es nicht, Adam, ich weiß es nicht. Doch auch hier bleibt immerhin die Tradition, auch der Vater meines Großvaters starb durch eine Waffe – durch die seiner Landsleute, die ihn hinrichteten, da er der falschen inneren Ausrichtung angehörte. Der falschen persönlichen Einstellung, Adam! Kannst Du Dir das vorstellen? Ich bitte Dich, kein Mensch mit einem gesunden Verstand dürfte sich so etwas auch nur im Ansatz vorstellen können. Und sie haben ihn erschossen in seinem eigenen Garten. Landsleute! Nachbarn! Nie hat sich meine Familie davon erholt, Adam, niemals. Nicht mein Großvater, nicht mein Vater und auch ich nicht. Warum habe ich mich dann ausgerechnet den Besatzern angeschlossen, magst Du fragen. Oder besser: Warum diesen Besatzern? Nun, Adam, der Mensch muss leben ehe er stirbt. Von irgendetwas muss er das tun und selbst wenn es noch so unsinnig ist, es drängt dazu. Trotzdem darf man nicht vergessen, wo man herkommt, Adam – und das habe ich nicht. Sieh Dich um, ich habe Menschen getötet, viele davon – und ich bedaure es. Dennoch glaube ich nicht, dass nur einer darunter ist, der es nicht verdient hat. Für das was er glaubt, für das was er will, für das was er tut. Schweigend bin ich an ihrer Seite gewesen, leise habe ich ihr Verhalten ertragen, still habe ich an ihrer Unvernunft gelitten. Ob die Welt nun eine bessere ist – ich wage es nicht zu sagen. Mag es ein Zeichen sein oder auch nicht, die Zeit soll es zeigen. Zeit aber, die auch ich nicht erleben werde – und da kommt Deine Rolle, Adam. Denn sieh: Ich habe kein Kind, ich habe keine Familie. Niemand wird meinen Leichnam betrauern. Es ist gut, dass ich sterbe, denn ich habe getötet. Es ist auch gut, dass ich sterbe, denn mit mir verdorren die Wurzeln jener Wut, jenes Unverständnisses, das in meinen Adern fließt. Du aber, Adam, Du wirst bleiben. Du hast Deinen Sohn, Deine Frau, Du hast Dein Leben. Weder den einen noch den anderen hast Du Dich zugetan, Adam und das ist gut.

Nun aber muss der nächste Schritt folgen, Adam. Dein Schritt. Du bist es, der heute noch lebt. Lass mich feststellen, dass Du es gut gemacht hast, bis wir uns wiedersehen.

ADAM: Chalid!

CHALID: Geh jetzt, Adam. Es ist nicht gut, wenn man Dich hier findet. Geh. Vergiss nicht meine Worte, Adam. Pass auf Dich auf. (*Vorhang*)

2

Adam sitzt auf einem Stein und sieht in die Ferne. Aus dem Hintergrund kommt Sahra herbeigelaufen und wirft sich ihm um den Hals

SAHRA: Adam! Endlich finde ich Dich!

ADAM: Sahra!

SAHRA: Adam, ich habe mich so gesorgt. Hast Du schon von dem schrecklichen Blutbad gehört, von dem Massaker auf dem Marktplatz? (*Adam reagiert nicht*) Adam, sie sagen auch der Ihsan war dabei. Der Ihsan, der gestern nach Dir fragen kam. Adam, magst Du über etwas sprechen?

ADAM: Was denkst Du, worüber könnte ich sprechen wollen?

SAHRA: Ich weiß nicht.

ADAM: Ich weiß es auch nicht. Wirklich, ich weiß es auch nicht. (*Kleine Pause*)

SAHRA: Was wird jetzt mit uns werden, Adam?

ADAM: Nichts. Rein gar nichts. Sorge Dich nicht, alles wird bleiben wie es ist.

SAHRA: Es geht einfach alles weiter.

ADAM: Es geht einfach alles weiter.

SAHRA: Ich mache mir Sorgen, Adam.

ADAM: Ja, ich sorge mich auch. Manchmal zumindest. Aber dann denke ich an Dich, an Fahran, den kleinen Rabauken, ich denke an die Musik, an die Literatur, ich höre genauer hin, höre das Singen der Vögel durch das Donnern der Kanonen und sehe den Schimmer des Morgenlichts in der Finsternis, die mich umgibt.

SAHRA: Was willst Du damit sagen, Adam?

ADAM: Wenn ich das nur wüsste. Wenn ich das nur wüsste.

SAHRA: Bestimmt hast Du Recht. Ganz bestimmt hast Du Recht. Es wird alles gut werden. Dieser Krieg wird enden und alles wird sich ändern. Einfach alles, so wird es geschehen. Warte es nur ab. Wir dürfen

den Glauben nicht verlieren und müssen zusammenhalten. Dann leben wir sicherlich bald schon in einem
anderen Land. Einem ganz anderen Land.

ADAM: Du meinst wie in dem Lied?

SAHRA: Ich habe es nie vergessen:
Es gibt ein fernes Land, mein Kind
Weit hinter diesen Höhen
Wo die Träume wirklich sind
Einst wirst Du das verstehen.

Es gibt ein fernes Land, mein Kind
Nach dem die Wünsche streben
In einem anderen Land, mein Kind
Werden wir einmal leben.

In einem anderen Land, mein Kind
Halt Deinen Zweifeln stand
Bis wir einst freie Menschen sind
In einem anderen Land.
In einem anderen Land, Adam. In einem anderen
Land.

ADAM: Ja. In einem anderen Land.

Passau, im März 2008